Lutz van Dijk • Anders als du denkst

OMNIBUS

Foto: © Patmos Verlag

**DER
AUTOR**

Lutz van Dijk, geboren 1955 in Berlin, Dr. phil., war mehrere Jahre Lehrer an einer Sonderschule in Hamburg. Er lebt und arbeitet seit 1992 als freier Schriftsteller und Fotograf in Amsterdam. 1991 wurde Lutz van Dijk mit dem Hans-im-Glück-Preis für Kinder- und Jugendliteratur ausgezeichnet.

Lutz van Dijk

Anders als du denkst

Geschichten über das erste Mal

 Band 20342

Der Taschenbuchverlag
für Kinder und Jugendliche
von Bertelsmann

Umwelthinweis:
Dieses Buch wurde auf chlorfrei gebleichtem
Papier gedruckt.

Genehmigte Taschenbuchausgabe November 1998
Gesetzt nach den Regeln der Rechtschreibreform
Alle Rechte dieser Ausgabe vorbehalten durch
C. Bertelsmann Jugendbuch Verlag, München
in der Verlagsgruppe Bertelsmann GmbH
© 1996 Patmos Verlag, Düsseldorf
Umschlagfoto: David de Lossy, Image Bank
Umschlagkonzeption: Klaus Renner
kk · Herstellung: Stefan Hansen
Satz: Uhl + Massopust, Aalen
Druck: Presse-Druck Augsburg
ISBN 3-570-20342-5
Printed in Germany

10 9 8 7 6 5 4 3 2

Für Andrés heute
– und Lydia damals

Inhalt

Hannahs Hände

Nur einmal hatte ich Christian bisher in meinem Leben getroffen, unter den denkbar schlechtesten Umständen. Mit meinen Eltern und meiner kleinen Schwester Sara war ich ein Wochenende kurz vor den Sommerferien zu entfernt wohnenden Verwandten gefahren. Es war irgendein Geburtstag von Onkel Jürgen, einem der Brüder von Mutters Seite. Ich erwartete nichts. Eben eine von diesen schrecklich langweiligen Familienfeiern.

Wir waren einen halben Tag mit dem Auto dorthin unterwegs. Sara aß den ersten Teil der Reise ununterbrochen Chips, die sie dann im zweiten Teil in einen kleinen Plastikeimer spuckte. »Gut, dass ich den mitgenommen habe!«, kommentierte Mutter in unverminderter Vorfreude auf das Fest. Es war heiß im Auto und stank nach Saras Erbrochenem.

Kurz bevor wir die Autobahn verlassen mussten, schaltete Vater plötzlich den Wagen runter und trat kurz darauf hart auf die Bremse. »So ein Mist!«, brummte er. »Stau!« Mutter kurbelte die Scheibe herunter. »Kannst du etwas sehen?«, fragte ich, während ich spürte, wie meine Bluse schweißnass am Rücken klebte. »Kein Ende zu erkennen«, meinte sie. »Nur Blech, so weit das Auge reicht.« Sara maulte: »Mir ist schon wieder schlecht, Mama!«

Wir erreichten die Geburtstagsfeier von Onkel Jürgen, als dort das Kaffeetrinken schon vorbei war. Kaum hatten wir geparkt, kam er auch schon angelaufen und riss die Tür an

Mutters Seite auf: »Mensch, da seid ihr ja endlich – wir haben uns schon Sorgen gemacht!«

»Stau!«, meinte Vater. Seine Laune war auf dem Nullpunkt. Mutter rief fröhlich: »Herzlichen Glückwunsch, Jürgen!«, und sprang als Erste aus dem Wagen. Dabei stieß sie Saras Kotzeimer um, dessen Inhalt über meine nackten Füße schwappte. »Mensch, Mama!«, protestierte ich wütend.

Ich schämte mich, so auszusteigen, und wischte mir erst die Füße mit einem Teil meines Pullovers ab. Dann streifte ich meine Sandalen über und kletterte aus dem Auto. Ich hielt mich am Dach fest und wartete.

»Gott, Hannah – was bist du groß geworden!«, hörte ich die Stimme von Onkel Jürgen. Danach spürte ich seine schwielige Hand an meinem Arm. »Komm mal, Hannah!«, meinte er. »Wir sind alle im Garten. Erinnerst du dich noch an den kleinen Teich in der Mitte?«

Ich schüttelte den Kopf. Wo war da ein Teich gewesen? Es war bestimmt zwei oder drei Jahre her, dass wir bei Onkel Jürgen waren, und damals war Winter. Ich konnte mich an keinen Teich erinnern. Obwohl er eine so kräftige und vom Arbeiten auf dem Bau harte Hand hatte, zog er mich ganz vorsichtig mit sich in den Garten. Er roch nach Schweiß und billigem Deo. »Achtung, Hannah – hier kommen jetzt ein paar Stufen!«

Es herrschte ein ziemliches Stimmengewirr im Garten. Bestimmt waren mehr als zwanzig Menschen hier versammelt. Viele begrüßten meine Eltern und äußerten sich entzückt über die kleine Sara, die bereits begonnen hatte die Reste des Geburtstagskuchens in sich hineinzuschieben. »Hier – schmeckt super!«, meinte sie und lud mir ein zerbröckeltes Stück Streuselkuchen in die Hand. Mehrmals drückte mir jemand die andere Hand ohne Kuchen. Aber ich war nicht immer sicher, wer das genau war.

»Willst du lieber in der Sonne oder im Schatten sitzen?«, fragte mich Mutter nach einer Weile. »Ich würde gern zu dem Teich, von dem Onkel Jürgen erzählt hat!«, antwortete ich.

Bevor Mutter etwas sagen konnte, kamen schon wieder neue Gäste. »Nein!«, hörte ich die schrille Stimme von Tante Irene. »Ihr seid auch hier? Das ist ja ewig her, dass wir uns gesehen haben!« Und damit ging es weiter mit Rufen und Schreien von Menschen, die ich zumeist nicht erkannte oder an die ich mich nicht erinnerte. Wenig später ertastete ich einen leeren Gartenstuhl neben mir und setzte mich darauf, obwohl er in der prallen Sonne stand.

Hier saß ich, noch immer mit dem zerbröselten Streuselkuchen in der Hand, mit der nass geschwitzten Bluse und einem Riesendurst, als ich fühlte, wie jemand sich in meiner Nähe aufhielt, ohne etwas zu sagen. Er schien wie ich nicht einbezogen zu sein in das allgemeine Geschreie und Getue. Zuerst spürte ich seinen angenehmen Geruch, irgendein leichtes Rasierwasser. Dann hörte ich ab und zu ein leises Scharren seiner Füße auf dem Kiesweg. Vom Klang her vermutete ich, dass er Schuhe mit Gummisohlen, vielleicht Turnschuhe, trug. Ich hatte eine dunkle Sonnenbrille auf und tat so, als wäre ich in Gedanken versunken. Dabei waren ganz im Gegenteil alle meine Sinne auf das Äußerste gespannt. Wer war der Mensch in meiner Nähe, der eine so andere Ausstrahlung als all die anderen Gäste auf mich hatte?

Nur einen Moment später, der mir jedoch wie eine halbe Ewigkeit erschien, kam er so dicht heran, dass ich meinte seinen Atem zu spüren. Offensichtlich hatte er sich zu mir hinuntergebeugt. Jetzt vernahm ich zum ersten Mal seine Stimme: »Willst du was trinken?«

Was für eine Stimme! Er schien nicht viel älter als ich zu

sein, hatte aber den Stimmbruch schon deutlich hinter sich – ein tiefer, ruhiger und doch jungenhafter Klang.

Ich hatte ihn genau verstanden. Und doch – ich wollte genau diesen Klang und diese Worte um alles in der Welt noch einmal hören.

»Wie bitte?«, fragte ich so harmlos wie möglich und sah in seine Richtung. Mutter hatte mir mehrfach versichert, dass die Gläser meiner Sonnenbrille so dunkel waren, dass niemand, der nicht etwas wusste, erkennen konnte, was mit mir los war.

Wie auch immer – er tat mir den Gefallen. »Willst du was trinken?«, wiederholte er seine Frage. »Es ist doch so eine Hitze und ich hab gesehen, dass du schon länger auf dem Trockenen sitzt ...«

»Ja!«, rief ich endlich. »Sehr gern! Bringst du mir irgendwas Kaltes?«

»Es ist noch Bowle mit Eis da – so was vielleicht?«

»Superidee!« Diese Stimme, diese Stimme ... Bowle mit Eis.

Ich hörte, wie sich seine Schritte schnell entfernten. Wenn mich jetzt nur nicht jemand anders in ein Gespräch verwickelte. Ich hatte den Gedanken kaum zu Ende gedacht, als Mutter aus dem Nichts aufkreuzte.

»Hannah – entschuldige, dass ich dich so lange hier in der Sonne habe sitzen lassen! Aber du kennst ja Tante Irene!«, rief sie und hatte mich schon am Arm genommen.

Ich hielt mich mit beiden Händen an den Stuhllehnen fest: »Macht nichts, Mama! Ich finde die Sonne ganz okay. Geh ruhig wieder zu Tante Irene.«

»Aber es ist doch nicht schön, hier so allein zu sitzen. Willst du nichts trinken?«, fuhr sie fort. Erst war ich kurz vorm Verdursten und jetzt Getränke von allen Seiten!

»Nein, wirklich, Mama – es ist alles okay!«, versuchte ich

sie abzuwimmeln. In dem Augenblick hörte ich, wie sich die Turnschuhe auf dem Kiesweg näherten. Jedenfalls war ich mir so gut wie sicher, dass es sein Gang war.

»Hier – deine Bowle!«, sagte der Junge zu mir.

Verdammt – auf welcher Höhe mochte er mir das Glas reichen? Ich hatte kein Gefühl, wohin ich mit meiner Hand fassen sollte. Mutter kam mir unerwartet zu Hilfe.

»Gehören Sie zur Familie, junger Mann?«, fuhr sie ihn nicht gerade freundlich an.

»Nein, wir sind Nachbarn und wohnen dort drüben! Ich bin Christian …«

»Ach so!«, meinte Mutter. Ich spürte einen unfreundlichen Unterton. »Aber ich glaube nicht, dass Hannah Bowle mag!«, fügte sie nörgelnd hinzu.

»Doch, Mama!«, fiel ich ihr ins Wort. »Ich habe sie extra bei Christian bestellt!«

»Bowle?«, fragte sie ungläubig. Es war selten, dass ich widersprach. Und sie bohrte tatsächlich endlich einmal nicht weiter!

Ich versuchte ein Grinsen: »Hast du auch an das Eis gedacht, Christian?« Dabei streckte ich fordernd meine Hand in Richtung Christians Stimme. Eine Sekunde später fühlte ich das kalte Glas in meiner Hand. »Bitte!«, sagte er schüchtern. War Mutter endlich weg?

Ich nahm einen riesigen Schluck von der kalten Bowle, die köstlich schmeckte. Es war etwas Bewegung um mich herum, schließlich ein schleifendes Geräusch und ein leichtes Knarren. Christian zog sich vermutlich einen der anderen Korbstühle heran. Von Mutter nichts mehr zu hören – halleluja!

»Du heißt Hannah?«, fragte er nach einer kleinen Pause. Ich nickte. Er roch wirklich unglaublich gut. Ich war jetzt sicher, dass es sein Rasierwasser war, vielleicht auch zusätzlich noch etwas Geruch seines Körpers, aber kein Schweiß wie bei Onkel Jürgen.

Es roch aufregend, wild, irgendwie unbekannt und doch total verlockend.

»Wie alt bist du?«, fragte ich ihn.

»Im nächsten Monat werde ich siebzehn!«, antwortete Christian.

Wieder eine ziemlich lange Pause. Dann sagte er so leise, dass ich es kaum hören konnte: »Du siehst total gut aus, Hannah!« Mein Herz stockte. So etwas hatte noch nie jemand zu mir gesagt! Und dann noch von einem Jungen mit so einer Wahnsinnsstimme und so einem umwerfenden Duft!

Ich hätte gern geantwortet. Irgendwas. Zum Beispiel: »Du siehst auch gut aus!« Oder wenigstens: »Danke, dass du das sagst!« Aber ich bekam überhaupt nichts heraus. Ich senkte meinen Kopf und hoffte, dass die Brille hielt, was Mutter versprochen hatte, und Christian denken möge, dass mein roter Kopf allein von der Sonne käme.

Plötzlich war alles unmittelbar nebeneinander: höchstes Glück und tiefste Angst – meinte er wirklich mich? Ich spürte, wie meine Hände leicht zitterten. Endlich bekam ich überhaupt wieder einen Ton heraus. Ich redete den größten Unsinn. »Die Bowle schmeckt wirklich prima!«, sagte ich mit heiserer Stimme.

Dann kam der Schock. »Ich muss leider gehen!«, sagte er. »Wir haben nur ein paar Stühle geliehen. Aber es ist ja ein Familienfest und wir sind Nachbarn. Ich habe auch noch eine Verabredung im Sportclub heute Abend. Jedenfalls: Ich freue mich sehr, dass ich dich getroffen habe!«

Beinahe hätte ich mir auf die Lippe gebissen. Doch dann rief ich so laut, dass vermutlich einige Gäste in der Nähe zusammenzuckten: »Christian – können wir uns mal wieder treffen?«

»Gern!«, entgegnete er ohne Zögern. »Ich hole eben was zu schreiben und dann notiere ich dir meine Telefonnummer, ja?«

Während er weg war, überlegte ich fieberhaft, ob ich ihn nicht noch etwas Wichtiges fragen müsste – jetzt, wo er noch da war, jetzt, wo es noch die Chance gab, etwas zu fragen oder mitzuteilen. Aber mir fiel einfach nichts ein. Da stand er auch schon wieder vor mir.

»Ich habe dir auch meine Adresse aufgeschrieben!«, sagte er. Dann nahm er meine rechte Hand – ich fühlte warme, kräftige Fingerspitzen – und legte einen Zettel in meine Hand. Zuletzt fügte er leise hinzu: »Hast du jemand, der es dir vorlesen wird?«

Er wusste es also. Er wusste es und hatte mir trotzdem seine Anschrift und Telefonnummer gegeben!

So habe ich Christian getroffen. Über den Rest der Feier gibt es nichts weiter zu berichten. Das leere Bowleglas hielt ich noch lange in der Hand. Irgendwann habe ich es in meinen Pullover gerollt und am nächsten Tag mitgehen lassen, ohne Onkel Jürgen zu fragen. Es sollte sechs endlos lange Tage dauern, bis ich seine Stimme wieder hören konnte …

Meine Lehrerin hatte mir Christians Anschrift und Telefonnummer bereits am ersten Schultag, als ich zurück war, in Blindenschrift übersetzt, was eigentlich nicht nötig war, weil ich sie im gleichen Moment auswendig konnte und nie wieder vergessen werde.

Vater und Mutter waren an dem Abend zu einem Betriebsfest eingeladen. Sara schlief bei einer Nachbarin, die eine Tochter im gleichen Alter hat – und ich wartete nur darauf, dass sie endlich fertig sein würden mit allen Vorbereitungen und die Wohnung verließen.

»Und lass nicht wieder so lange den Fernseher laufen, Hannah!«, rief Mutter noch, bevor sie die Tür ins Schloss fallen ließ. Keine Sorge, dachte ich ungeduldig. Was sollte mich an diesem Abend das schwachsinnige Freitagabend-Fernsehprogramm interessieren?

Meine Hand war feucht vor Aufregung, als ich nach dem Telefonhörer griff. Ich wählte alle Zahlen, ohne innezuhalten. Noch bevor das erste Tuten erklang, legte ich wieder auf. Nur ruhig bleiben. Was sollte ich zu seinen Eltern sagen, wenn er nicht da wäre?

Ja, guten Abend, hier ist Hannah, kann ich bitte mit Christian sprechen? – Wer sind Sie denn? – Ich bin Hannah und Ihr Sohn hat mir neulich ein Glas Bowle mit Eis gebracht ... Und dann? Plötzlich war ich vor Panik doch unsicher, wie die Vorwahl ging: nach der Null erst die Zwei oder Drei? Ich kramte den Zettel mit der Blindenschrift hervor. Doch erst die Zwei. Ein neuer Anlauf.

Es tutete nur zweimal. Ich erschrak fast, als so schnell abgenommen wurde: »Hallo – hier ist Christian!«

Ich bekam keinen Ton heraus. Nichts. Meine Kehle war wie zugeschnürt. »Hallo?« Christians Stimme wurde ungeduldig. »Nicht auflegen!«, presste ich schließlich heraus.

»Ja, wer ist denn da?« Sicher war er inzwischen genervt. Ganz leise sagte ich: »Hier ist Hannah ...«

Keine Reaktion am anderen Ende der Leitung. Ob er jetzt gleich auflegen würde? Warum antwortete er denn nicht? Dann endlich – endlich: »Mensch, Hannah – du?«

Und da war wieder der Klang, der mich bei unserer ersten Begegnung sofort in Bann gezogen hatte ... so warm, so tief und so freundlich.

»Hannah – das ist stark, dass du anrufst! Ich habe die ganzen Tage und Nächte an dich gedacht und mich verflucht, dass ich dich nicht nach deiner Telefonnummer gefragt habe!«

»Du freust dich?«, fragte ich noch immer ungläubig. Aber ich hörte doch den freudigen Klang seiner Stimme.

»Ob ich mich freue? Ich will dich wieder sehen. Meinst du, dass ich dich mal besuchen kann? Mit der Bahn ist es gar kein Problem und dann gibt's doch jetzt den Wochenendtarif und … ich will dich sehen, Hannah!«

Ja – ich dich auch, schrie alles in mir. Komm, bitte, ganz schnell, noch in dieser Nacht, wo meine Eltern nicht da sind, meine Eltern, meine Mutter, mein Vater …

Plötzlich erfasste ich, wie weit mir mein Glücksrausch schon die Sinne vernebelt hatte. Ich musste an Mutters ironische Stimme denken, wenn ich etwas tue, das ihr missfällt. Vor meinem inneren Auge lief ein Film ab, wie Christian hier bei uns das erste Mal auftauchen würde, wie wir zusammen im Wohnzimmer sitzen müssten, wie Christian ausgefragt würde, wie wir zusammen Kaffee trinken müssten.

… Schnitt, nein, bitte nicht, nicht so einen Horrorfilm.

Noch nie hatte ich mich so gefangen gefühlt. All die Fürsorge meiner Eltern mein ganzes bisheriges Leben lang – es widerte mich so an. Jedes Abenteuer, jedes eigenständige Erkunden war immer wieder mit der klebrigen Soße des »Aber wir meinen es doch nur gut mit dir!« übergossen worden.

Ich wollte so gern frei sein, mich frei bewegen können, einfach wild losrennen, ohne Rücksicht auf irgendjemanden, ohne Rücksicht auf meine Umgebung, ohne Rücksicht auf mich. Oft hatte ich das gefühlt. Jetzt schmerzte die Sehnsucht danach zum Zerreißen. Was sollte ich Christian nur antworten?

Nach einer langen Pause seine sanfte Stimme: »Hannah – bist du noch da? Wovor hast du Angst? Willst du mich sehen?«

»Ja – aber wie denn?« Beinahe barsch stieß ich es hervor. Obwohl er doch wirklich nicht so viel älter war als ich, schien er so viel ruhiger und bedachter als ich. »Wenn du mich nur sehen willst, dann ist alles gut!«, sagte er. Er sagte es – und seine Worte wirkten wie ein Wundertrank auf mich: Ich glaubte ihm. Ich glaubte ihm. Ich wurde langsam ruhiger und spürte eine unbekannte Kraft in mich fließen. Ich glaube seit diesem ersten Telefonat, dass alles gut werden wird, wenn wir einander nur sehen wollen …

Mehr als ein Jahr ist seit diesem Telefonat, unserem ersten, vergangen.

Monatelang haben wir heimlich telefoniert, uns immer wieder neue Möglichkeiten ausgedacht, damit unsere Eltern nicht kommentieren sollten, was nur uns anging. Mit Hilfe einer Freundin entdeckte ich eine öffentliche Telefonzelle in der Nähe unserer Schule, wo man auch angerufen werden konnte. Regelmäßig schickte mir Christian Telefonkarten an die Anschrift einer anderen Freundin, ohne Absender und ohne Begleitbrief, den ich sowieso allein nicht hätte lesen können.

Zum ersten Mal bettelte ich um mehr Taschengeld. »Aber du hast doch alles!«, meinte Mutter mehr erstaunt als abweisend. Ich wollte aber einfach nicht, dass Christian alle Telefonkarten von seinem Hungerlohn als Azubi im zweiten Lehrjahr in einer Kfz-Werkstatt bezahlte.

Irgendwann nach Weihnachten kam es dann doch heraus. Ich hatte eine dämliche Erkältung bekommen, ohne Vorankündigung plötzlich hohes Fieber. Natürlich ließ mich Mutter keinen Schritt vor die Tür machen. Meine beste Freundin Lisa, die ich sonst hätte beauftragen können, Christian zu informieren, war mit ihrer Familie in den Skiurlaub gefahren. Ich musste eingeschlafen sein, als Mutter mich sanft an der Schulter berührte: »Hannah – ich möchte noch mal Fieber messen!«

Verschlafen öffnete ich den Mund, um das Thermometer aufzunehmen. Dann sagte sie wie beiläufig: »Da hat vorhin jemand für dich angerufen, ein Christoph oder so. Ich habe ihm aber gesagt, dass du nicht zu sprechen bist. Ist das jemand aus deiner Schule?«

Ohne zu überlegen, spuckte ich das blöde Thermometer aus und schrie Mutter an: »Wieso sagst du, dass ich nicht zu sprechen bin? Das war ein wichtiger Anruf für mich!«

Mutter wollte mir über den Kopf streichen: »Nun reg dich mal nicht auf. Dieser Christoph wird schon wieder anrufen...«

Grob stieß ich ihre Hand weg und schrie: »Der heißt Christian und nicht Christoph, verdammt noch mal!« Und dann sackte ich plötzlich zurück, drehte mich weg und presste mein Gesicht ins Kissen. Tränen liefen aus meinen Augen in den Stoff, der langsam feucht wurde. Jedes Schluchzen versuchte ich zu unterdrücken.

Ich weiß nicht mehr, wie lange ich geweint habe. Mutter war jedenfalls immer noch im Zimmer. Sie saß auf dem Stuhl an meinem Schreibtisch und sagte nach einiger Zeit etwas, das ich noch nie von ihr vernommen hatte: »Verzeih, Hannah – ich glaube, ich habe etwas falsch gemacht! Ich wusste nicht, wie wichtig dieser Anruf für dich war...« Sie zögerte einen Moment, räusperte sich dann und fuhr mit etwas tieferer Stimme fort: »... und ich wusste nicht, wie erwachsen du schon bist!«

»Mama!«, sagte ich und fühlte eine lange nicht mehr gespürte Zuneigung zu ihr, konnte zum ersten Mal wieder ihre ehrliche Liebe hinter all dem schrecklichen Gesorge wahrnehmen. Und dann begann ich, zuerst zögerlich und stockend, dann immer ausführlicher und ohne weitere Vorsicht, ihr alles zu erzählen – von der Bowle mit Eis bis zu unserem letzten Telefonat vor Weihnachten aus der Telefonzelle bei unserer Schule. Einmal schaute Vater kurz herein, aber Mutter sagte nur: »Lass uns noch einen Moment allein, ja?« Und wie sie es sagte, das musste so viel Eindruck auf Vater gemacht haben, dass er ohne Rückfrage das Zimmer verließ und die Tür hinter sich schloss.

Wir redeten bestimmt drei Stunden. Mutter berichtete mir von ihrem ersten Freund, von dessen Existenz ich bisher nie gehört hatte, ein schüchterner blasser Junge – »aber er konnte so toll zuhören«, schwärmte sie –, der dann mit seinen Eltern aus Deutschland weggegangen sei und von dem sie nie wieder etwas gehört habe. »Wie hieß er denn?«, wollte ich wissen. »Martin!«, sagte sie und es klang stolz und zufrieden und ein bisschen wehmütig vielleicht. In all den drei Stunden hatte sie vergessen, noch mal Fieber zu messen und sich auch sonst nicht weiter um meinen Gesundheitszustand gesorgt.

Erst als das Telefon wieder klingelte, stand sie auf und blinzelte mir zu: »Ob das jetzt Christian ist?« Aber es war nicht Christian, sondern nur eine Kollegin von Mutter. Normalerweise redete sie eine Stunde mit der. Aber an diesem Tag kam sie schon nach fünf Minuten zurück und fragte: »Hier ist das Telefon – vielleicht solltest du bei ihm anrufen?« Und dann ging sie hinaus und schloss die Tür – und ich war absolut sicher, dass sie nicht dahinter lauschte.

Seit diesem Weihnachten konnten Christian und ich normal miteinander telefonieren, denn auch er weihte seine Eltern noch vor Silvester ein und erzählte ihnen, wer ich sei.

»Und hast du ihnen alles gesagt?«, fragte ich ihn danach zuerst.

»Ja«, sagte er einfach. »Was denkst du denn?«

Von da ab planten wir unser erstes Wiedersehen seit dem vergangenen Sommer. Immer wieder hatte ich versucht, mir seine Gestalt, sein Gesicht, seinen Gang und seine Bewegungen vorzustellen. Die einzigen Anhaltspunkte bisher waren seine Stimme und die Berührung seiner Fingerspitzen gewesen, als er mir damals den kleinen Zettel gegeben hatte.

Seine Stimme ist tief und männlich, vielleicht ist er auch stark und groß? Aber wie sieht ein starker Mann aus? Wie fühlt er sich an? Vielleicht ist er auch ganz zart und schlank mit einer sanften Haut. Lisa hat mir erzählt, dass manche Männer Haare auf der Brust und an den Beinen haben. Ich kenne nur Vaters Bartstoppeln, wenn er mir manchmal spätabends noch einen Gutenachtkuss gibt. Wie mag das bei Christian sein? Wann werde ich ihn berühren können? Wann werde ich ihn mit meinen Händen anschauen können?

Ich bin sicher, dass er schön ist. Ich weiß nicht, was er bei mir schön findet. Vielleicht, dass ich keine Pickel habe wie Lisa. Oder dass ich schlank bin, lange Haare und schon feste Brüste habe? Aber dafür habe ich fast keinen Hintern. Und das scheint wichtig zu sein, weil Mutter manchmal zu Vater murrend sagt, er soll anderen Frauen nicht so auf den Hintern starren. Bei Christian bin ich sicher, dass er schön ist. Er hat eine warme, tiefe Stimme, die aus einem Körper kommt, der einen angenehmen Duft atmet. Und doch brenne ich vor Neugier und Sehnsucht zu fühlen, was andere einfach sehen können.

Mehr als ein Jahr ist es her, dass wir uns bei Onkel Jürgens Geburtstag getroffen haben. Jetzt ist wieder Sommer – und morgen wird es so weit sein: Morgen wird Christian mit der Bahn kommen! Ich werde ihn mit Lisa abholen und danach werden wir zu dem kleinen Eisladen bei uns in der Nähe gehen. Lisa hat versprochen, dass sie sich dann verziehen wird, sodass wir allein sein können …

Das Wahnsinnigste war, dass Mutter zu allem Ja und Amen gesagt hat. Nachdem sie einmal mit Christian und danach noch mit seinem Vater telefoniert hatte, bot sie sogar an, dass Christian bei uns über Nacht bleiben könne – natürlich auf dem Wohnzimmersofa! Aber das sollten wir beide allein beschließen können nach unserem Treffen im Eisladen.

Für Lisa hatte Christian noch eine Personenbeschreibung durchgegeben: »Ich bin ziemlich lang und dünn, habe dunkelbraune, kurz geschnittene Haare und trage meistens Jeans, Turnschuhe und eine schwarze Lederjacke …«

Das alles sagte mir nichts. Lang und dünn, dunkelbraune Haare, kurz rasiert – wie fühlt sich das an? Warm oder kühl? Beruhigend oder verunsichernd? Aufregend oder langweilig? Die letzte Nacht habe ich kaum geschlafen. Lisa hat mich noch extra geschminkt, weil sie meinte, man würde sonst denken, ich hätte bis morgens in der Disko herumgehangen …

Jetzt stehe ich neben Lisa auf dem Bahnsteig. Ich orientiere mich an dem Kiosk links von uns und will mich auf keinen Fall bei ihr festhalten. Wir sind viel zu früh – und natürlich hat der Zug auch noch Verspätung.

»Ich find das echt tierisch mit euch beiden!« Lisa plappert, seit wir uns getroffen haben, ununterbrochen. Sie ist beinah so aufgeregt wie ich. »Ihr kennt euch schon ein Jahr – und habt euch erst einmal gesehen. So was gibt's doch gar nicht! Der Typ muss ja total auf dich abgefahren sein. Sag mal, habt ihr Telefonsex gemacht oder wie hast du das geschafft, den so lange zu halten?«

Lisa wartet eine Antwort nicht ab. Alle ihre möglichen Vorstellungen von Christian teilt sie mir ungebremst mit. Schon hat sie einen neuen Einfall: »Oder weißt du, was auch sein kann?« Ihre Stimme bekommt einen sorgenvollen

Klang: »Vielleicht sieht Christian absolut bescheuert aus – und bekommt einfach gar keine andere ab!«

Jede, die Lisa nicht kennen würde, wäre jetzt beleidigt. Aber wir kennen uns seit dem Kindergarten. So direkt war sie schon immer. Einfach ehrlich. Ich mag Lisa.

»Keine Ahnung, wie er aussieht!«, antwortete ich. »In jedem Fall ist er ein korrekter Typ!«

»Ja!«, lenkte Lisa ein. »Hast du Recht, was nützt einem so 'n Schnalli, wenn er 'n miesen Charakter hat!«

Plötzlich stößt sie mich in die Seite: »O Gott, der Zug kommt!« Tatsächlich ist ein deutlich sich näherndes Brausen zu hören, das sich zu einem ohrenbetäubenden Donnern und Quietschen steigert. Ein starker Luftzug lässt meine langen Haare durcheinander wirbeln.

Endlich kommt die Bahn zum Stehen. Mit einem Knackgeräusch öffnen sich die automatischen Türen und wenig später entsteht ein wildes Gedränge zwischen Menschen, die zu den Ausgängen schieben, und jenen, die in den eingefahrenen Zug einsteigen wollen. Mittendrin solche wie wir, die Ausschau halten. »Es ist total voll und der Zug ist tausend Meter lang – ich seh überhaupt nichts!«, stöhnt Lisa.

Dann fühle ich ihn, noch bevor Lisa ihn erkannt hat. Ich kann heute nicht mehr sagen, ob es sein Rasierwasser oder etwas anderes war, das ich wahrgenommen habe. Ich rufe plötzlich: »Hallo, Christian!« – und dann umarmt mich ein Junge, der viel größer ist als ich, ganz vorsichtig tut er es, ich spüre und rieche eine feste Lederjacke, fühle einen kühlen Reißverschluss an meiner Wange und dann die Wärme einer Hand in meiner Hand. »Hannah!«, flüstert er in mein Ohr. »Hannah – endlich!«

Von Lisa, die seit zwei Stunden ohne Pause auf mich eingeredet hat, ist nichts mehr zu hören. Nachdem Christian und ich bestimmt einige Minuten eng umschlungen gestanden haben, erinnere ich mich plötzlich wieder meiner Freundin. Sanft löse ich mich aus Christians Armen. »Lisa – wo bist du denn?«, rufe ich. Keine Antwort. »Lisa?«

Da erst vernehme ich ihre Stimme, in unmittelbarer Nähe, jedoch ganz leise und ernst: »Ich bin hier, Hannah!« Und zu Christian gewandt: »Ich bin Lisa, Hannahs Freundin, und sollte dich eigentlich als Erste entdecken!«

»Macht doch nichts. Hallo, Lisa!«, entgegnet Christian freundlich und wahrscheinlich geben die beiden sich jetzt die Hand.

Zu dritt gehen wir zum Ausgang des Bahnhofs und von da zu dem abgesprochenen Eisladen. Christian hat wie selbstverständlich meine Hand festgehalten. Lisa schlendert rechts von mir.

Ich fühle mich so frei und glücklich. Ich werde nicht von Christian geführt, wie ich es von anderen Menschen gewöhnt bin, er sagt nicht an jeder Straße »Achtung – eine Stufe!«, er hält einfach meine Hand in seiner, einer warmen, kräftigen Hand, seine Finger spielen manchmal über meinen Handrücken, und dies ist unsere erste Sprache an diesem wichtigen Tag. Vielleicht denken vorbeilaufende Passanten, dass wir tatsächlich einfach ein Liebespaar sind wie viele andere.

Seine Finger reden mit meiner Hand, meine Finger reden mit seiner Hand. Er erzählt mir von seiner kaum noch bezähmbaren Sehnsucht – mit glühenden Handflächen. Er berichtet von seiner Arbeit in der Werkstatt – kleine Wunden sind an zwei Fingern zu fühlen. Einmal drückt er ein wenig fester – und stoppt mich vor einem vorbeirasenden Auto. Ich erfahre von seiner Männlichkeit – und fühle wenige, kurze feste Haare auf seinem Handrücken.

Der Weg bis zum Eisladen dauert höchstens eine Viertelstunde. Wir haben nur wenige Worte gewechselt, aber uns doch schon so intensiv ausgetauscht, wie es niemals möglich war am Telefon. Bevor wir hineingehen, verabschiedet sich Lisa von uns. Ich will erst protestieren, dass sie schon weggeht. Immerhin war verabredet, dass wir erst noch zusammen ein Eis essen, aber nachdem sie sich von Christian verabschiedet hat, nimmt sie mich zur Seite und flüstert in mein Ohr: »Ich dreh ab, das is 'n absolut guter Typ, alles dran, echt, Hannah, mach bloß was daraus!«

Kurz darauf sitzen wir an einem der kleinen Tischchen, an denen man sich aneinander lehnen kann, ohne dass es auffällt. Es scheint nicht sehr voll zu sein. Die wenigen Stimmen anderer Gäste kommen nicht aus unmittelbarer Nähe. »Wir sitzen in einer kleinen Ecke, wo uns kaum jemand beobachten kann. »Du hast einen guten Treff ausgewählt!«, kommentiert Christian leise.

Überhaupt reden wir leise miteinander, obwohl uns sicher niemand hören kann. Wir wechseln nicht viele Worte, geredet haben wir doch über ein Jahr lang. Nun können wir uns zum ersten Mal seit damals wahrnehmen. Irgendwann sage ich zu Christian: »Schließ mal deine Augen!«

»Nein!«, antwortet er. »Ich habe dich so lange nicht gesehen. Ich möchte dich immer nur anschauen. Die ganze Zeit – bis ich wieder wegfahren muss. Ich will mir alles ganz genau merken, weißt du?«

»Bitte – schließ die Augen, ja?«

»Na gut!«, brummt er unwillig.

»Hast du sie wirklich dicht?«

»Ja – ehrlich!«

Jetzt nehme ich seine Hand und führe sie zu meinen Augen. Ich fasse seinen Zeige- und Mittelfinger und streiche mit ihnen über meine Augenbrauen und meine Nase und schließlich zu meinem Mund. Vorsichtig küsse ich seine Finger.

»Hast du sie noch immer dicht?«

»Ja!«, sagt er. Seine Stimme klingt etwas heiser.

Dann fühle ich nach seiner anderen Hand. Sie ist ein wenig kühl, vielleicht hat er mit ihr das Colaglas gehalten. Ich weiß, dass ich mit dem Rücken zum Rest des Ladens sitze. Ganz ruhig führe ich seine Hand unter meinen Pullover bis zu meinem Bauch. Augenblicklich reagieren seine Fingerspitzen auf die Wärme meiner Haut und beginnen zu glühen. Christian lässt alles geschehen, drängt nicht – und doch knistert es nur so zwischen uns. Schließlich lege ich seine Hand so auf mein Herz, dass er es schlagen fühlen kann. Sein Daumen berührt einen Teil meiner Brust.

»Wirst du es dir merken können?«, frage ich leise.

Christian antwortet nicht. Sanft streicheln seine kräftigen Finger über meine glühende Haut. Es ist Wahnsinn, wie unwichtig der Rest der Welt auf einmal sein kann.

Plötzlich zieht er seine Hand zurück.

»Jetzt du, okay?« Da hat er schon meinen rechten Arm ergriffen.

Er legt meine Hand vorsichtig flach auf sein Gesicht. Mit allen Fingerspitzen gleichzeitig beginne ich meine Erkundung: Erst gleite ich über seine Stirn bis zu einem stoppeligen Haaransatz, kurze, feste Strähnen, die scheinbar in alle Himmelsrichtungen streben, weiter über kurz geschorene Seiten zu seinem linken Ohr. Ich fühle einen metallenen Ring – »Gold?« – »Nein, nur Silber!« –, ganz heiß fühlt sich sein Ohr an. Ich muss schmunzeln: »Hast du rote Ohren?« – »Ja!«, sagt er und ich bin sicher, dass auch er grinst.

Dann an seiner Wange entlang, so eine warme, feste Haut, gut rasiert, und doch – wie anders es sich anfühlt als bei mir. Jetzt sein Mund, was für weiche breite Lippen und dahinter kräftige, gerade Zähne. Seine Nase finde ich sehr groß, aber vielleicht haben die meisten Jungen in dem Alter eine große

Nase? Schließlich berühre ich sanft seine Augen, wunderbar lange Wimpern. Wie ich mir ein Mädchen vorstelle, denke ich, und merke dabei, dass er die Augen geschlossen hat.

»Ist es schön, Christian?«

»Hör nie auf, ja?«

Aber mehr traue ich mich nicht. Jetzt noch nicht. Nicht hier. Es ist ja noch sein ganzer Körper zum Entdecken. Er hat doch sicher eine ganz andere Brust als ich. Ob er auch so einen kleinen Hintern hat? Und dann, worüber alle so geheimnisvoll tun und gleichzeitig unendlich viele Sprüche machen: Ob ich ihn wirklich überall – auch da – berühren darf? Ich meine anschauen – mit meinen Händen? Ich habe noch nie einen Jungen nackt gesehen.

Sei nicht naiv, es ist gefährlich, Jungen in dem Alter zu berühren, hat Mutter früher einmal gesagt, als sie auf ihre Art versuchte mich aufzuklären und stundenlang über Kondome, Aids und Vergewaltigungen berichtete. Aber das war früher. Christian ist anders. Er ist nicht irgendein Junge in dem Alter.

Damals vor einem Jahr habe ich Christian unter den denkbar schlechtesten Umständen getroffen. Wir hatten – gegen unseren Willen – mehr als ein Jahr Zeit, ein zweites Treffen vorzubereiten. Ich will heute alles tun, dass es die denkbar besten Umstände werden.

»Komm – wir gehen! Irgendwo anders hin. Vielleicht mit der Straßenbahn an den Stadtrand, da, wo man richtig allein sein kann!«, höre ich meine Stimme, die einen neuen Tonfall bekommen hat.

»Lass mich eben bezahlen!«, sagt Christian. Aber ich halte ihn zurück und rufe: »Hallo, ich will bezahlen!« Und schon steht ein Kellner neben uns, wahrscheinlich hält er irgendeine Rechnung hin, doch ich sage nur – wieder mit dieser neuen Stimme: »Wie viel?«

Er nennt den Betrag und ich knalle die entsprechenden Münzen auf den Tisch, greife nach Christians Hand, sage wieder: »Komm!« Und als wir draußen sind, rufe ich: »Los – wir rennen!« Ich ziehe ihn hinter mir her, zweimal stoße ich gegen Passanten, aber was macht das schon, vielleicht waren die ja auch mal verliebt. Dann übernimmt Christian die Führung, wir rennen und lachen, wir halten uns an den Händen, und es geht nicht um immer und ewig, nur um hier und jetzt, diesen Moment, seine Hand in meiner – und ich laufe, wie ich noch nie gelaufen bin ...

Saschas Sehn-Sucht

Erst nach mehr als einem halben Jahr kam Mutter dahinter. Und nur durch einen Zufall, weil sie einmal früher nach der Arbeit auftauchte als gewöhnlich. Sonst hätte es noch hundert Jahre so weitergehen können. Denn normalerweise bekam sie kaum etwas mit von dem, was mir wichtig war. Also wirklich wichtig – etwas, das wie ein Blitz einschlug, mein Herz wie bei einem Unwetter beben ließ und Schweißausbrüche wie kurz vor der Sintflut auslöste. Was wusste Mutter schon davon, was mir wirklich wichtig war?

Wenige Tage später hatte sie mich mitgezerrt zu jenem jungen Arzt. Nicht zum alten Dr. Fischer, einem gemütlichen Herrn, den ich kannte, seit ich einmal zu Weihnachten nicht das Lebkuchenhaus, sondern die alte Hexe aus Plastik verzehrt hatte. Da war ich höchtens drei oder vier, Mutter so leicht in Panik zu versetzen wie heute – und doch hatte es Dr. Fischer geschafft, zuerst Mutter und dann meinen Magen zu beruhigen, sodass die Hexe letztlich auf natürlichem Wege ins Klobecken fiel. Dieses Mal schien Mutter Dr. Fischer nicht ins Vertrauen ziehen zu wollen. Sie schleppte mich zu irgendeinem Spezialisten mit einem langen Titel und einem noch längeren Namen, die ich mir beide nicht einen Moment lang merken konnte.

Ohne lange Vorrede hatte ich mich dort nackt ausziehen müssen, also echt total nackt! Dabei war ich bald fünfzehn – was leider nicht jeder sofort erkannte, da ich dünn war und auch der Bartwuchs bis auf ein paar schäbige Stoppeln über der Oberlippe noch auf sich warten ließ. Mutter hatte sich weggedreht, als sei es ihr peinlich, meinen Schwanz zu sehen. Tatsächlich war ihr die aktuelle Entwicklung meiner Männlichkeit bis zu jenem Vorfall weitgehend verborgen geblieben, da ich seit zwei oder drei Jahren ziemlich demonstrativ die Badezimmertür bei Gebrauch verriegelte. Aber wenn hier einer das Recht gehabt hätte, etwas peinlich zu finden, dann wäre das doch wohl ich gewesen – oder?

Der junge Arzt mit dem langen Namen musterte mich jedenfalls von unten bis oben. Dann klopfte er ein bisschen an meiner schmalen Brust und den noch schmaleren Schultern (die sich trotz mehrerer Besuche in Tims Sportstudio weigerten, breiter zu werden) und meinte in leicht anbiederndem Tonfall: »Du kannst dich wieder anziehen – oder muss ich schon Sie sagen?«

Ich gab keine Antwort. Als ob die Anrede jetzt noch eine Rolle gespielt hätte. Ohnehin hatte das ganze Unternehmen mehr etwas von einer Gerichtsverhandlung als einem Arztbesuch. Da halfen Höflichkeiten auch nicht weiter. Zu Mutter sagte er: »Tja, Frau Martens, so weit ist Ihr Junge normal entwickelt, also körperlich, meine ich. Wenn auch vielleicht geringfügig verspätet, hat die Pubertät voll angefangen, wenn Sie verstehen, was ich meine?«

Mutter sah den jungen Arzt verärgert an: »Das soll normal sein?«, brauste sie auf. »Wenn er es einmal getan hätte, als Verirrung sozusagen, dann würde ich mir ja noch die Mühe geben, es zu vergessen. Aber Tim tut es ja mindestens dreimal die Woche. Das ist doch schon eine Sucht!« Dann schnäuzte sie sich theatralisch und stammelte mitleidheischend: »Herr Doktor, er ist doch noch ein Kind!«

Zweimal falsch: Ich war schon lange kein Kind mehr. Viel länger, als sie auch nur ahnte. Seit dem Tag, als sie Vater rausgeschmissen hatte, weil der angeblich bei einer anderen Frau über Nacht geblieben war, gab es keine Kinderzeit mehr für mich. Das war nun vor genau vier Jahren, drei Monaten und zwölf Tagen. So lange hatte ich meinen Vater nicht mehr gesehen, weil die Ehe bald darauf geschieden wurde, Vater alle Schuld bekam und mich auch nicht mehr sehen durfte. Ich weiß bis heute nicht einmal, wo er wohnt. Aber das werde ich noch herausbekommen. Das schwöre ich!

Zum Zweiten tat ich es inzwischen jeden Tag, manchmal sogar zwei- oder dreimal, wenn die Unruhe in mir zu groß wurde, wenn ich praktisch kaum noch an was anderes denken konnte. Dass es so etwas überhaupt gibt, hatte ich bis dahin nur in Sprüchen älterer Jungen gehört. Aber das waren mehr so Witze gewesen und eigentlich hatte ich mir kaum etwas Konkretes darunter vorstellen können. Bis zu jenem Abend im letzten Sommer.

Ein heißer Sommertag war es gewesen. Mit der ganzen Clique waren wir gleich nach der Schule auf unseren Bikes zum nahen Waldsee gefahren, wo sich seit einiger Zeit die meisten Jugendlichen aus unserer Umgebung trafen. Die Kinder und ihre Eltern gingen in der Regel an die öffentliche Badestelle, wo das kleine Häuschen von der Lebensrettungsgesellschaft stand.

»Die Babys pissen da alle ins Wasser!«, hatte Remo plötzlich eines Tages behauptet. Wir hatten gelacht und uns aufgemacht, um eine Stelle für uns zu finden. Einige Zeit später waren auch andere Jugendliche zu unserer Bucht gekommen – unsere Bucht, wo niemand meckerte, wenn Heavymetal aus den mitgebrachten Boxen dröhnte. Die älteren Jungen hatten schon ihre Freundinnen und knutschten und alberten, ohne die Kommentare von Erwachsenen hören zu müssen.

Aber das ging nie sehr weit. Eben so ein bisschen fummeln. Einmal hatten sie Marina das Bikinioberteil geklaut und sich fast totgelacht dabei. Aber ich fand das ziemlich gemein, denn einerseits wurde dauernd auf ihr herumgehackt und andererseits hatte sie noch total keine Brüste. Da passierte jedenfalls überhaupt nichts bei mir.

An jenem Sommertag hatten wir ganz viel im Wasser herumgetobt, weil es so heiß war. Auch jetzt am frühen Abend war es noch immer ungewöhnlich warm. Aber nicht alle hatten sich ausreichend Brote und Getränke mitgenommen, denn in unserer Bucht gab es ja nichts zu kaufen. Bei denen fing irgendwann der Magen an zu knurren und sie brachen nach und nach auf, um zurück in die Stadt zu fahren. Mein bester Freund Tim und ich hatten gut vorgesorgt. Tims Eltern waren auch geschieden. Die Woche über verpflegten wir uns sowieso meistens allein. Ein paar Mal hatten wir sogar schon richtig gekocht zusammen. All so was kann man mit Tim machen.

An diesem Abend jedoch musste auch Tim früher los: »Tut mir Leid!«, meinte er, »aber du weißt: Sportstudio! Ich hab für diesen Monat noch den verbilligten Tarif!« Sein Krafttraining ging ihm über alles. Ein paar gute Übungen hatte er mir auch schon beigebracht. Leider durfte ich keine Monatskarte kaufen, weil Mutter meinte, dass es Unsinn sei, Geld dafür auszugeben, um später wie ein Kleiderschrank auszusehen (eine Gefahr, die bei mir in weiter Ferne lag). Aber Tims Studio war wirklich teuer. Seine Mutter hatte einen gut bezahlten Job als Chefsekretärin. Meine Mutter saß im Supermarkt und drehte da hinter der Kasse das Geld anderer Leute von morgens bis abends um.

»Ich hab noch keine Lust, nach Hause zu fahren!«, sagte

ich und schlug ihm dabei freundschaftlich auf die Schulter.

»Autsch!«, rief Tim. »Ich glaube, ich hab einen Sonnenbrand!«

Damit schnallte er seinen kleinen Rucksack hinter dem Sattel fest und winkte mir noch einmal zu, bevor er sich auf seinen Drahtesel schwang und den kleinen Hügel Richtung Landstraße hinunterrollte.

Ich schüttelte mein Handtuch aus und schaute nach, was an Essbarem übrig geblieben war. Super – noch zwei Frikadellen, eine ganze Packung Gummibärchen, ein Rest Kartoffelchips und eine lauwarme Dose Cola! Mein Vorteil war, dass ich essen konnte, so viel und was ich wollte, ohne dicker zu werden. Auch musste ich praktisch nie kotzen, egal welche irren Zusammenstellungen von Essbarem Tim und ich uns schon ausgedacht hatten.

Leider bekam ich andererseits auch keine Muskeln, so viel ich mich auch abmühte (von den bereits erwähnten schmalen Schultern ganz zu schweigen). Tim war nicht älter als ich, aber er hatte schon richtig gute Pakete auf den Oberarmen. Bei mir kamen an allen Ecken meines Körpers einfach nur lange harte Knochen zum Vorschein.

Nachdem ich alles aufgegessen und die Dose Cola hinterhergekippt hatte, überkam mich plötzlich eine angenehme Müdigkeit. Ich streckte mich auf meinem Handtuch aus und schloss für einen Moment die Augen …

Keine Ahnung, wie lange ich nun genau geschlafen hatte. Jedenfalls drangen ungewöhnliche Geräusche an mein Ohr. Als ich zu mir kam und die Augen aufschlug, stellte ich überrascht fest, dass es bereits dunkel geworden war. Meine Augen benötigten einen Moment, um sich daran zu gewöhnen. Da hörte ich wieder die Geräusche. Jetzt ganz deutlich: schweres Atmen, das sich zu einem Stöhnen steigerte, dann ein Rascheln und Knacken kleiner Zweige, als würden zwei Lebewesen stumm auf dem Boden miteinander ringen.

Erschrocken verharrte ich auf meinem kleinen Handtuch und hob nur vorsichtig den Kopf. Aber noch immer konnte ich nichts erkennen, obwohl die Geräusche aus unmittelbarer Nähe kamen. Mein Herz schlug bis zum Hals. Was geschah hier? Wurde ich blinder Zeuge eines entsetzlichen Verbrechens? Hatte ein unheimlicher Mörder sein Opfer zu unserer Bucht gezerrt, um es hier grausam abzuschlachten?

Was sollte ich nur tun? Ich hatte nur meine Badehose an, mein Rucksack mit meinem Taschenmesser lag außer Reichweite und von den anderen war weit und breit keine Spur mehr. Wenn doch wenigstens Tim mit seinen kräftigen Oberarmen noch hier gewesen wäre!

In diesem Moment kam der Mond hinter einer Wolke hervor und tauchte die kleine Bucht, an deren äußerstem Rand ich lag, in fahles Licht. Nur noch geschützt durch ein paar hohe Gräser, konnte ich nun genau erkennen, was sich hier abspielte: Eine Frau und ein Mann, beide nackt, küssten und streichelten sich auf eine wilde Art, wie ich es noch nie gesehen hatte. Sie waren beide noch ganz jung und so vertieft in ihr Liebesspiel, dass sie mich auch nicht bemerkten, als ich mich jetzt aufrichtete, um besser schauen zu können. Einmal schon hatte ich bei Tim, als seine Mutter weg war, ein Pornovideo gesehen, das er von einem älteren Schüler geliehen hatte. Da waren auch ein Mann und sogar zwei Frauen mit Riesenbrüsten beim Sex zu sehen, aber deren Rumgeturne hatte nur witzig auf uns gewirkt. Erst hatten wir uns schief gelacht dabei, es dann langweilig gefunden und schließlich lieber einen von Tims ROCKY-Filmen eingeworfen. Das hier vor meinen Augen in unserer Bucht im Dunkeln war einfach ganz anders.

Die junge Frau – oder war es noch ein Mädchen? – war unglaublich schön: Sie hatte lange, leicht gewellte, schwarze Haare und – obwohl sie schlank war – pralle Brüste, die der junge Mann wild küsste. Auch er hatte dunkle Haare, aber ganz kurz geschnitten, und war – was mir auffiel – ein wenig kleiner als sie. Ich konnte erkennen, wie sein Glied groß und aufrecht von seinem kräftigen Körper abstand.

In diesem Moment änderte sich alles in mir: Der erste Schrecken wich einer bislang unbekannten Art von Erregung, ein tiefes Vibrieren in allen Fasern meines Körpers, eine Faszination des Schauens und Hörens, die durch mich hindurchging wie ein glühender Energiestrom. Ich spürte, wie auch mein Glied steif wurde und hart gegen die Badehose presste.

Bislang hatte ich damit nicht besonders viel anfangen können. Es hatte mich eher irritiert und nervös gemacht. Jetzt streifte ich meine Badehose herunter und nahm meinen pochenden Schwanz in die Hand, wie es die Frau bei dem jungen Mann vor mir tat. Jede ihrer Bewegungen ahmte ich nach. Auch ich begann schwer zu atmen und plötzlich schoss aus meinem Glied etwas Flüssigkeit, die sich warm und glitschig anfühlte.

Alles in mir bebte, Knie und Hände zitterten, und meine Haut war überall mit einem Schweißfilm überzogen – aber zum ersten Mal spürte ich diese tiefe Ruhe in mir, nach der ich mich immer gesehnt hatte, ohne sie beschreiben zu können.

Ich war an einem wichtigen Ziel angekommen, ohne dessen Namen zu wissen.

Noch lange sah ich den beiden bei ihrem nicht enden wollenden Liebesspiel zu. Mutter und Vater hatte ich niemals auch nur sich küssen sehen, geschweige denn einmal nackt. Eigentlich war Tim der erste Mensch in meinem Leben bisher, mit dem es Spaß machte, sich gegenseitig anzufassen, miteinander zu kämpfen oder sich auch mal einfach so einen Arm um die Schulter zu legen. Obwohl mich meine Eltern als Baby doch sicher auch mal im Arm gehalten haben müssen, habe ich keinerlei Erinnerung an so was.

Ich verließ die kleine Bucht sehr spät an diesem Abend. Ganz leise, um die beiden nicht zu stören, sammelte ich Handtuch und Rucksack zusammen und zog mich erst hinter dem Hügel an.

Den ganzen Heimweg schob ich mein Fahrrad, weil ich einfach gar nicht herauswollte aus dem Wunder, das ich gerade erlebt hatte. Klar wusste ich aus dem Biologieunterricht, was sich da gerade abgespielt hatte in meinem Körper: Ich hatte »Onanie betrieben«, wie es da hieß, und »Samenflüssigkeit« ausgeschüttet. Ich wusste jetzt also, wie das geht, was die älteren Jungen »wichsen« oder »sich einen runterholen« nennen. Aber irgendwie beschrieben alle diese Worte nicht, was ich wirklich fühlte …

Als ich unsere Wohnungstür aufschloss, hörte ich Mutters Stimme ins Telefon sprechen. Einen Moment später legte sie auf und kam auf den Flur gestürzt: »Kannst du nicht wenigstens mal anrufen, wenn du dich noch so lange draußen herumtreibst?«

»Entschuldige«, murmelte ich, sah sie dabei jedoch gar nicht an.

Sie redete noch eine Weile auf mich ein, aber ich erinnere mich nicht mehr, was sie sagte.

Endlich konnte ich in mein Zimmer gehen und allein sein. Ich wartete, bis sie im Badezimmer fertig war und alles Licht in der Wohnung gelöscht hatte. Dann erst legte ich mich auf mein Bett. Langsam zog ich mich aus und tastete im Dunkeln meinen Körper ab. Alles fühlte sich ganz anders an, es lebte, es gab mir das Gefühl, selbst zu leben und nicht nur gelebt zu werden. Von dieser Nacht an tat ich es so oft, wie ich konnte ...

Bis zu jenem Nachmittag, als Mutter einmal unerwartet früher vom Supermarkt nach Hause kam. Ich hatte meinen Walkman mit voller Dröhnung auf den Ohren und ein paar gute Fotos von tollen Liebespaaren um mich herum ausgebreitet (da stand ich immer noch am meisten drauf seit jener Nacht und hatte sogar schon eine recht gute Sammlung von älteren Jungs auf dem Schulklo eingetauscht). Mit der rechten Hand rieb ich meinen steifen Schwanz, als mir jemand auf die Schulter tickte.

Ich fuhr erschrocken herum – und sah Mutter ins Gesicht, die wie in einem Stummfilm mit wilden Gesten auf mich einredete. Da erst riss ich meinen Walkman vom Kopf und hörte nun in voller Lautstärke, was ich für ein perverser Mensch sei, ob ich nicht wüsste, dass man sich mit so was die Gesundheit ruinieren könne, außerdem hätte sie schon eine Weile geahnt, dass etwas nicht stimmen würde, all die Papiertaschentücher hinter meinem Bett, sie sei schließlich nicht blöd, nein, nein, nein, eine Schande sei das, wirklich eine Schande ...

Zum Glück sagte sie nicht: Wie dein Vater. Ich sagte gar nichts, sondern versuchte nur meinen steifen Schwanz zurück in die Jeans zu stopfen. Mutter raffte die Pornofotos zusammen. Ein paar Tage später hatte sie den Termin bei dem jungen Facharzt abgemacht.

Da dieser ihrer Meinung nach »doch nicht ausreichend

kompetent« war, schleppte sie mich danach auch noch zu einer Psychologin und zuletzt zu einem Psychiater. Die Psychologin war sehr nett, sah super aus und sagte Mutter, dass das alles ganz normal sei und der menschliche Körper schon selbst darauf achte, wann seine Kräfte erschöpft seien. Mutter war außer sich, beschimpfte sie eine »unverantwortliche Person« und bezahlte die Rechnung erst, als in der dritten Mahnung mit einer Klage gedroht wurde. Die junge Frau hatte all meine Sympathie.

Der Psychiater war zwar auch noch jünger, aber ein Ekel: Er redete so kompliziert und von oben herab, dass ich kein Wort verstand. Ich glaube, Mutter auch nicht. Aber auf sie hatte der Kerl zumindest Eindruck gemacht. Noch Wochen später wiederholte sie: »So etwas kann eine Zwangsneurose sein, eine schwere psychische Störung! Tu es nicht, Sascha!«

Irgendwann kam mir einmal der Gedanke, dass Mutter eigentlich diejenige von uns beiden ist, die unter einem Zwang leidet.

Inzwischen sind wieder ein paar Monate vergangen. Ich tue es nach wie vor, wenn ich Lust habe. Ich habe festgestellt, dass ich danach viel besser einschlafen kann. Außerdem habe ich jetzt endlich ein paar erste Anzeichen für bescheidene Muskeln an meinen Oberarmen entdeckt. Auch wenn das eine vielleicht nichts mit dem anderen zu tun hat, kann von »schweren Schäden« keine Rede sein.

Eine schöne Überraschung erlebte ich gestern mit Tim. Schon lange wollte ich mal mit ihm über die Arztbesuche und all das reden. Ziemlich umständlich erklärte ich ihm Mutters Sorgen. Er war auch der Erste und bislang Einzige, dem ich von meinem nächtlichen Erlebnis in unserer Bucht berichtet hatte. Als ich geendet hatte, meinte er: »Mensch, Sascha, ich habe das schon gemacht, bevor ich ins Sportstudio ging. Das eine ist gut für Selbstverteidigung, das andere für Selbstbefriedigung. Ich brauch einfach beides – du nicht?«

Bei der Bucht war ich noch ein paar Mal spätabends in jenem Sommer gewesen. Aber meistens traf ich dann nur auf ein paar Alkis, die dort noch grölten und zechten. Was für ein Glück hatte ich gehabt in jener Nacht…

Lydias Lust

Innerhalb weniger Minuten hatte sich der Himmel verdunkelt. Schwere, graue Wolken zogen heran und ballten sich drohend übereinander. Ein Wind, der eben noch mit ihren dunklen Locken spielte, hatte sich in einen eiskalten Sturm verwandelt, der selbst kräftige Bäume bog, morsche Äste herabriss und Blätter und gelb-grauen Sand auf der einsamen Landstraße vor sich hertrieb.

Bis zu unserer geheimen Hütte war es noch etwa eine Viertelstunde zu laufen. Ob wir das noch vor dem Ausbruch des Unwetters schaffen würden? Der wolkenlos blaue Himmel am Morgen hatte uns verführt, ihr Auto in der Garage zu lassen.

»Lass uns laufen! Die Natur ist am schönsten, wenn man sie unter den Fußsohlen spürt!«, hatte Lydia gerufen. Und schon hatte sie ihre einfachen Lederhalbschuhe ausgezogen, dann die Strümpfe abgestreift und beides in unseren kleinen Rucksack getan. »Und du?«

Ich zog meine Militärstiefel nicht gern aus. Nicht nur, weil sie mich ein bisschen größer machten, auch weil ich mich irgendwie stärker darin fühlte. Wie mein Freund Jochen hatte ich vorne Stahlkappen eingebaut. Man kann nie wissen. Ich bin zwar in Deutschland geboren, aber das sieht man nicht. Ich sehe aus wie ein junger Italiener. Mein Vater kommt aus Sizilien. Aber da war ich noch nie, weil Vater niemals dorthin zurück will. Das jedoch ist eine andere Geschichte.

Was ich hier erzählen will, ist, wie Lydia mir an jenem Morgen die Stiefel ausgezogen hat, wie ich barfuß mit ihr über die Wiesen gelaufen bin und wie wir schließlich das Gewitter überstanden haben. Es war das wahnsinnigste Unwetter, das ich je miterlebt habe. Aber all das wäre noch kein Grund, um es aufzuschreiben. Erzählen will ich diese Geschichte allein wegen Lydia. Und weil ich es so beschissen ungerecht finde, dass wir uns nie mehr wieder gesehen haben …

»Los, zieh schon deine alten Machostiefel aus, Gianni!«, lachte sie mich an. Ich schüttelte den Kopf. Einige meiner Klamotten hatte ich inzwischen bei ihr untergebracht. Die letzte Nacht hatten wir in ihrer kleinen Wohnung in der Altstadt verbracht, die sie erst ein paar Monate vorher bezogen hatte.

Sie hatte viel Glück gehabt, so schnell etwas zu finden. Doch ihr Chef, der Schulleiter unserer Nachbarschule, hatte alles darangesetzt, sie zu bekommen. Weil er unbedingt eine Lehrerin für Französisch und Sport brauchte, wohl eine seltene Kombination, und deshalb wegen der kleinen Altstadtwohnung auch seine Beziehungen hatte spielen lassen. So war sie in unsere Stadt gekommen, Lydia, die Lehrerin, meine Freundin, mein Geheimnis.

Als ich sie das erste Mal traf im Parkhaus beim Bahnhof, völlig aufgelöst, weil ihr Auto nicht ansprang, sie immer wieder »Der hatte bisher nie was!« rief und staunte, dass es dann nur eine verölte Zündkerze war, die ich ihr in fünf Minuten sauber gemacht hatte (einen Kerzenschlüssel hatte ich wegen meinem Mofa ja immer dabei) –, da war ich fünfzehn und gerade mit Ach und Krach in die neunte Klasse versetzt worden. Ich wäre nie drauf gekommen, dass sie

Lehrerin ist. Sie sagte: »Tausend Dank! Kann ich mich irgendwie erkenntlich zeigen bei Ihnen?«

»Kundendienst!«, hatte ich nur gegrinst. Und sie hatte mir die Hand gegeben und irgendeinen Namen genannt, den ich zuerst gar nicht verstand. Aber ich hatte auch nicht nachgefragt und nur geantwortet: »Ich heiße Giovanni.«

Nie im Leben hätte ich gedacht, sie einmal wieder zu sehen. Ehrlich gesagt fand ich sie nicht mal besonders hübsch. Sie hatte tolle dunkle Locken, das ja, aber so in Bezug auf Figur ist erst gar nichts abgegangen bei mir. Nicht das Mindeste. Fiel mir einfach noch nichts zu ein. Eben eine erwachsene Frau, mindestens fünfzehn Jahre älter als ich (de facto waren es zwanzig, aber das spielte schon keine Rolle mehr, als ich es später erfuhr).

Ihren Namen bekam ich erst rund zwei Wochen später mit. Jochen, Abdul und ich hatten mal wieder eine Flasche von Jochens Vater leer gemacht (der hatte eine Riesenhausbar und keinen Überblick über seine Bestände). Dann waren wir bis kurz nach Mitternacht in der Disko gewesen und wollten eigentlich ganz normal mit dem letzten Bus in unsere Stadt zurückgondeln, als mir plötzlich schlecht wurde. Zum Glück kam der Bus pünktlich.

Kaum jedoch waren wir gestartet, merkte ich, dass nicht nur das Getränk von Jochens Vater, sondern auch alles später Nachgefüllte aus meinem Magen nach oben drängte. Ich torkelte zum Fahrer, um zu fragen, ob er nicht mal kurz halten könne. Das war ein Fehler – einfach keine Ahnung, dass er einer von der harten Sorte war.

Ich hatte noch nicht meinen Kopf über den Rasen am Straßenrand gebeugt, als er auch schon die Tür wieder zuknallen ließ und einfach durchstartete. Bevor ich protestieren konnte, kam es auch schon hoch, alles auf einmal, ich rang wie wild nach Luft, während vier Gläser Schnaps, mehrere Bier und die Reste einer ekligen Currywurst vor mir zu Boden platschten. Als ich mich wieder aufrichtete, waren die Rücklichter des Busses bereits im Dunkel verschwunden. Erst jetzt merkte ich, dass ein leichter Nieselregen eingesetzt hatte. Bis nach Hause rund zwanzig Kilometer …

Bald musste ich die Hälfte hinter mir haben, zwei Stunden war ich inzwischen sicher unterwegs. Die wenigen Autos, die um die Zeit hier langbretterten, achteten jedenfalls nicht auf meinen ausgestreckten Daumen, die meisten gingen nicht mal in der Geschwindigkeit runter. Meine Wolljacke war inzwischen durchgeweicht. Auch mein T-Shirt klebte an der Haut.

Als ein von hinten heranbrausender Wagen abblendete und mit reduzierter Geschwindigkeit an mich heranrollte, drehte ich mich schon gar nicht mehr um. Erst als das Auto auf meiner Höhe war, riskierte ich einen Blick in Richtung Fahrer.

Da hatte sie mich jedoch scheinbar bereits erkannt: »Giovanni?«, rief sie fragend durch den Spalt ihrer heruntergekurbelten Scheibe, während ihr Wagen langsam neben mir herrollte.

Sie war allein. Und ich dachte sofort: eine Frau nachts allein – die nimmt dich bestimmt nicht mit! Aber sie rief: »Na, haben Sie diesmal eine Panne gehabt?«

Unsicher entgegnete ich. »Ja, kann man so sagen!«

Jetzt trat sie auf die Bremse und hielt neben mir auf dem Grünstreifen. »Soll ich Sie mitnehmen? Sie wohnen doch auch in …?«

»Ja!«, rief ich. »Ich hatte gar nicht mehr damit gerechnet, dass noch jemand hält. Ist wirklich total nett von Ihnen!«

»Kundendienst!«, lachte sie und ich musste auch lachen.

Wenn ich heute daran zurückdenke, dann würde ich sagen, in dem Moment ist es passiert. In diesem Augenblick entdeckte ich, wie toll sie aussieht, was für ein besonderer Mensch sie ist …

»Ich heiße Lydia!«, sagte sie, kurz nachdem sie den vierten Gang eingelegt hatte. Lydia, Lydia, Lydia …

Wirklich, also actionmäßig, ist gar nichts passiert in dieser Nacht. Ich saß ganz artig neben ihr im Auto, versuchte sie von der Seite genauer zu mustern, ohne sie anzustarren, aber rührte mich in keiner Weise. Soweit ich es im fahlen Licht der Armaturenbeleuchtung erkennen konnte, war sie kaum oder gar nicht geschminkt. Und doch zeichneten sich ihre weichen, vollen Lippen sowie ihre dunklen Augenbrauen deutlich ab. Sie hatte schlanke Arme und Hände und trug keine Ringe an den Fingern. Mit einer noch unbekannten Faszination beobachtete ich, wie sie das Lenkrad mit ihren zarten Fingern anfasste, ab und zu losließ, in den Kurven leicht durchgleiten ließ, um danach wieder ruhig zuzugreifen.

Irgendwann sagte sie: »Sie sind ja ganz nass! Hinter Ihnen liegt ein sauberes Handtuch in der Sporttasche!«

Ich zog meine Wolljacke aus und rieb mir mit ihrem Handtuch die Haare und das Gesicht trocken. Hoffentlich roch sie nicht meine Alkoholfahne.

Mit einem Seitenblick auf mein nasses T-Shirt meinte sie: »Sind Sie ins Wasser gefallen? Warten Sie, ich mache die Heizung an, ja?«

Dabei glühte ich inzwischen sowieso. Obwohl ich nunmehr vollkommen nüchtern war, klopfte mein Herz wie im Vollrausch. Ich war allein mit einer Frau, die mich siezte, der ich schon mal das Auto repariert hatte – und die mich behandelte wie ein Mann!

Viel zu schnell hatten wir unsere Stadt erreicht. »Wo soll ich Sie absetzen?«, fragte sie freundlich.

»Egal!«, antwortete ich.

Und dann lud sie mich tatsächlich ein in ihre neue Altstadtwohnung. Nur noch auf einen Tee. Und es ist an jenem ersten Abend ehrlich bei dem Tee geblieben. Wir haben ganz toll zusammen geredet. Wirklich nur geredet. Aber ich wusste, ich würde sie wieder sehen.

Immer noch hatte ich meine alten Stiefel an. Sie wusste von der besonderen Bedeutung, die diese schweren Knobelbecher für mich haben. Bei niemandem außer ihr hätte ich zugelassen, was dann geschah an jenem Morgen, als wir den Ausflug geplant hatten. Ich schüttelte noch mal den Kopf. Keine zehn Pferde würden mich von meinen Stiefeln trennen. Keine zehn Pferde … aber Lydia, hier auf dieser Wiese am Rand eines undurchdringlichen Waldstücks.

Ohne ein weiteres Wort berührte sie mit ihren warmen Handflächen die Innenseiten meiner Oberschenkel und fuhr dann langsam an meinen Hosenbeinen entlang bis zum oberen Rand der Stiefel. In den rechten Stiefel steckte sie zwei Finger und drang damit so tief ein, bis sie meine Haut zwischen Strümpfen und Hosen fühlte. Dann strich sie mit den Fingern über die Haut und löste mit der anderen Hand das Schnürband. Dann zog sie plötzlich mit beiden Händen an der Sohle und streifte den ersten Stiefel ab, wobei auch der Strumpf mit herunterrutschte. Sie begann sanft über meine nackte Fußsohle zu streicheln und beugte dabei ihren Kopf vornüber, sodass ich die Spitzen ihrer kräftigen Locken fühlen konnte.

Eine eigenartige Erregung hatte mich ergriffen. Ich war wie gefesselt von ihrer ungewöhnlichen Aktivität und empfand gleichzeitig jede ihrer Berührungen an meinem Fuß mit unglaublicher Intensität. Noch nie hatte jemand meinen Fuß so berührt, so geküsst, noch nie ihm überhaupt so viel Aufmerksamkeit geschenkt.

Ich ließ alles mit mir geschehen, kampflos, immer wieder aufs Neue überrascht von Lydias sanfter Macht über mich, voll ungebändigter Sehnsucht nach mehr, mehr, mehr von dem, für das ich bis heute keinen Namen weiß, der stark genug wäre, mein Verlangen auszudrücken.

Später lief ich barfuß neben ihr über die Wiese, wir rannten, bis wir keine Luft mehr bekamen, einfach quer über eine weite grüne Fläche, die nur für uns gemacht schien, nur für diesen einen Tag.

Wie ein gewaltiger Vorhang nach einem grandiosen Schauspiel zogen plötzlich schwere, dunkle Wolken vor die Sonne. Ein leichter Wind wurde schnell zu einem eiskalten Sturm. Die ersten dicken Tropfen begannen herabzuplatschen, bevor die Hütte auch nur in Sicht war.

»Los – wir schaffen es!«, rief Lydia und ohne innezuhalten rannten wir über den sich in einen Schlammpfad verwandelnden Weg weiter. Wie aus großen Kannen stürzte das Wasser vom Himmel. Da endlich – die Hütte tauchte am Ende des Weges auf!

Schwer atmend und bis auf die Haut durchnässt, standen wir schließlich vor der einfachen Holztür, die nur durch einen Riegel gesichert war. Bevor wir hineinschlüpfen konnten, zischte in unmittelbarer Nähe ein greller Blitz vom Himmel, dem kurz darauf ein gewaltiger Donnerschlag folgte.

Erst als wir in der Hütte standen, bemerkten wir, wie durchnässt wir waren. Zu unseren Füßen bildeten sich unübersehbare Pfützen. Lydia wühlte einen Moment in ihrem kleinen Rucksack und zauberte tatsächlich ein noch weitgehend trocken gebliebenes Handtuch hervor.

Ohne uns zu verabreden, zog jeder für sich seine nassen Sachen aus, die wir über einem Loch im Holzboden in der Nähe der Tür auswrangen und bei der Fensterbank aufhängten. Mit ihrem T-Shirt wischte Lydia ein Stück des Fußbodens einigermaßen sauber und breitete dort das Handtuch aus. Draußen prasselte der Regen auf das Dach und nach wie vor blitzte und donnerte es, als hätten Himmel und Hölle gleichzeitig ihre Pforten geöffnet.

Es war nicht das erste Mal, dass ich Lydia nackt sah oder dass wir einander nackt berührt hätten. Aber es war noch nie so intensiv wie jetzt auf diesem kleinen Handtuch inmitten der tosenden Naturgewalten. Alles war wie elektrisiert – der Himmel, die Erde, unsere Haut, jeder unserer Sinne.

Seit ein paar Wochen, seit ich das erste Mal bei Lydia übernachtet hatte (während meine Eltern annahmen, dass ich bei Jochen schlafen würde), hatte ich ein Kondom bei mir. Nun fühlte ich, dass wir so weit waren. Ich wollte von Lydia erfahren, wie es wirklich ist mit einer Frau. Ich wünschte mir, dass sie meine erste Frau, meine erste richtige Geliebte sein sollte.

Noch nie zuvor hatte ich ein Zögern bei Lydia bemerkt. Jetzt sah sie mich einen Augenblick fragend an: »Willst du es wirklich?« Anstatt zu antworten, küsste ich sie und zog sie sanft zu mir heran. Dann streifte ich das Kondom über mein steifes Glied. Alles war gut. Ich fühlte, dass meine Kinderzeit vorbei war, dass ich bereit war, ein Mann zu werden, und dass dies ein gutes Gefühl war.

Lydia und ich liebten uns inmitten von Sturm und Regen, von Blitz und Donner. Nichts konnte uns etwas anhaben, alles war gut. So jedenfalls empfanden und dachten wir.

Ich kann heute nicht mehr sagen, wie viel Zeit inzwischen vergangen war. Der Regen hatte jedenfalls aufgehört und nur aus der Ferne war noch vereinzeltes Donnergrollen zu hören. Wir fühlten uns völlig sicher an diesem verlassenen Fleck Erde.

So war es ein absoluter Schock, als wir gleichzeitig Stiefelschritte und laute Männerstimmen auf unsere Hütte zukommen hörten. Keine Zeit blieb mehr, um uns zu verstecken oder zumindest etwas überzuziehen. Da wurde auch schon die Tür aufgestoßen und zwei Männer in Feuerwehruniform polterten herein. Im ersten Moment schienen sie nur erstaunt – ungläubig starrten sie auf das ungleiche Liebespaar vor ihnen, während wir hilflos versuchten, wenigstens mit den Händen unsere Blöße zu bedecken.

Natürlich hätten sie alles auf sich beruhen lassen und sich höflich zurückziehen können. Nicht weit von unserer Hütte war, wie wir später erfuhren, der Blitz in einen alten Baum geschlagen und hatte ihn in Brand gesetzt. Die Hütte hatten zwei der Feuerwehrleute nur zufällig entdeckt. Sie waren nach Abschluss der Löscharbeiten nur mal neugierig gewesen. Sie hätten sich nun einfach umdrehen und wieder gehen können. Diese zwei jedoch waren wirklich widerliche Armleuchter.

»Na, Kleiner, treibst du es mit deiner Mama?«, begann der eine zu grölen, nachdem sie die erste Überraschung überwunden hatten. Der andere ergötzte sich sichtlich an Lydias nacktem Körper.

Nachdem sie ein paar weitere blöde Bemerkungen gemacht hatten, verlangten sie Lydias Ausweis, angeblich um eine Anzeige wegen unsittlichen Verhaltens auf öffentlichem Grund oder so ähnlich zu erstatten. Sie notierten ihren Namen und ihre Anschrift und erst danach zogen sie ab, breit grinsend und sich ihrer Sache gewiss.

Lydia zitterte am ganzen Körper. Ich bebte vor Wut. Plötzlich war es sehr kalt in der kleinen Hütte geworden.

Natürlich verlief der Rückweg in jeder Hinsicht anders als der Hinweg: Wir sprachen alle möglichen Variationen durch, wie wir uns anders hätten verhalten können. Aber immer lief es darauf hinaus, dass es einfach eine unglaubliche Unmenschlichkeit ist, wie in unserer Gesellschaft mit Sexualität umgegangen wird, wo sich solche Kerle derart aufführen können und wir das Schlimmste befürchten mussten. Es kam noch schlimmer.

Zwei Wochen nach unserem Ausflug zu der Hütte erhielt ich von Lydia einen Brief, in dem sie mir mitteilte, dass gegen sie ein strafrechtliches Ermittlungsverfahren wegen Verführung Abhängiger eingeleitet worden sei. Obwohl ich gar nicht an ihrer Schule war, hätten allein ihr Status als Lehrerin und der meine als Schüler eine De-facto-Abhängigkeit begründet, die sie schamlos ausgenutzt hätte. Neben den beiden ungehobelten Feuerwehrmännern hätten inzwischen auch zwei ehrenwerte Nachbarn aus ihrem Wohnhaus ausgesagt, dass ich mehrfach bei ihr übernachtet habe. Ihr Schulleiter, der ihr im Prinzip wohlgesonnen sei, hätte ihr empfohlen, sofort jeden Kontakt mit mir abzubrechen. Er wolle sich dann um eine bald mögliche Versetzung an eine Schule in einer anderen Stadt ohne viel Aufsehen bemühen. Dies sei gegenwärtig die einzige Chance, eine drohende Anklage abzuwenden.

Sie schloss mit den Worten, dass ich diesen Brief nach der Lektüre vernichten möge. An den Rand hatte sie ganz klein und kaum leserlich gekritzelt: »Du warst der zärtlichste Liebhaber von allen Männern, die ich bisher kennen gelernt habe. Bitte sei so auch zu den Frauen, die du später in deinem Leben treffen wirst, Gianni!«

Inzwischen bin ich sechzehn. Die ganze Geschichte mit Lydia liegt mehr als ein Jahr zurück, aber ich kann sie einfach nicht vergessen. Was vor einem Jahr noch ein Verbrechen war, dürfte heute niemand mehr etwas angehen.

Nur darum habe ich diese Geschichte aufgeschrieben, Lydia. Weil ich hoffe, dass du sie durch irgendeinen verrückten Zufall unter die Augen bekommst und zu mir zurückkehrst. Hab keine Angst! Einfach »Kundendienst!« – weißt du noch?

Andys Abend

Es gab eine Zeit, da wollte ich nicht mehr leben. Zum Glück ist das schon eine Weile her. Damals, als ich ein Kind war, das anders war als alle anderen Kinder in der Umgebung. Kinderzeit – frohe Zeit? Folterzeit, Horrorzeit! Nie mehr will ich ein Kind sein. Jetzt bin ich beinahe sechzehn. Mit sechzehn ist man schon lange kein Kind mehr.

Die bisher beste Veränderung kam völlig unerwartet in mein Leben. An einem Abend war das, einem kalten, nassen Herbstabend. Da habe ich sie zum ersten Mal getroffen.

An der Bushaltestelle drängten sich viele Menschen unter dem kleinen Dach, das längst nicht allen Wartenden Schutz bot vor der Nässe. Hinzu kam, dass die meisten noch zusätzlich Platz benötigten für all ihre prallvollen Einkaufstüten. Eben hatten die letzten Läden und Kaufhäuser geschlossen. Viele Berufstätige hatten noch die halbe Stunde vor Ladenschluss genutzt und standen nun müde und frierend dichter beieinander, als sie das vermutlich bei freundlichem Wetter getan hätten.

Dabei beanspruchte ich noch am wenigsten Raum für mich. Meine neu erstandenen Turnschuhe hatte ich in den Rucksack gestopft und den dazugehörigen Pappkarton gleich im Geschäft gelassen. Ich hielt den dunkelgrünen Rucksack vor dem Bauch, um niemandem versehentlich beim Umdrehen das Ding vor die Nase zu drücken.

Umso größer war die Überraschung, als ein älterer Mann mich von hinten anstieß und einen Schritt nach vorn in den Regen schubste.

»Mensch, drängel mal nicht so! Du bist hier nicht in Afrika!«, schnauzte er dabei vor sich hin. Er war gut gekleidet und hatte außer einem teuren Aktenkoffer auch noch eine Papiertasche unter dem Arm.

Sofort nahm eine dicke Frau meinen Platz ein und schimpfte ebenfalls vorwurfsvoll in meine Richtung: »Bei uns in Deutschland«, sagte sie, »macht man älteren Leuten Platz.« Sie war jünger als meine Mutter, gar nicht besonders wütend, jedenfalls nicht so wie der ältere Mann neben ihr. Vielleicht wollte sie sein Verhalten nur etwas erklären. Weder sie noch der Mann hatten jedoch vermutlich provozieren wollen, was dann geschah.

Zwei Jungen, die ich bislang gar nicht bemerkt hatte, packten mich plötzlich von der Seite an der Jacke. Einer versuchte mir den Rucksack wegzureißen, während der andere mit der Faust so gegen meine Nase schlug, dass nicht nur meine Brille herunterflog, sondern sofort Blut zu tropfen begann. Scheiße – wie hatte ich nur so unachtsam sein können? Normalerweise hatte ich ein wachsames Auge, wenn ich mich in der Nähe von unübersichtlichen Menschenansammlungen befand, ob irgendwelche Gefahren drohen könnten. Aber heute Abend muss ich selbst müde gewesen sein, sonst wäre es nicht so weit gekommen.

Gekleidet waren sie eher normal: Jeansjacken, Turnschuhe, von Glatzen keine Spur. Jetzt rief einer der beiden höhnisch: »Na, Bimbo, weißt du jetzt, wo dein Platz ist?« Sein Kumpel wieherte als Antwort: »Ein Platz für Tiere, du Affe!« Es war einfach eine beschissene Situation: Ohne meinen Rucksack mit den neuen Turnschuhen wollte ich nicht wegrennen, außerdem lag meine teure Brille irgendwo im

Dreck. Die Gläser meiner Brille waren nicht besonders stark, aber ich konnte nicht so gut kämpfen ohne sie. Nur einmal, als einer der beiden ganz dicht vor mir war, gelang es, mit voller Kraft in seine Eier zu treten. Er jaulte auf, schlug aber danach nur noch brutaler in mein Gesicht. Meine Karten waren nicht gut.

Die meisten Passanten hatten inzwischen Abstand zu uns genommen. Auf einmal schien es ihnen nichts mehr auszumachen, im Regen zu stehen – und zu gaffen. Ich war sicher, dass ich hier auf keine Hilfe rechnen konnte.

In dem Moment drängte sich ein dünnes Mädchen aus dem Kreis der Schaulustigen nach vorn und schrie, so laut sie konnte: »Ihr feigen Schweine! Das ist so widerlich – zu zweit auf einen!«

Die beiden Schläger hielten einen Moment inne und schauten irritiert, wer es gewagt haben mochte, sie herauszufordern. Als ihr Blick auf das dünne Mädchen fiel, dessen blassblonde Haare in nassen Strähnen in ihrem Gesicht klebten und das sicher zwei Köpfe kleiner war als sie selbst, schien ihre Unsicherheit zuzunehmen.

Wie kam so eine Minibohnenstange dazu, derartig das Maul aufzureißen? Oder lauerten etwa fünf starke Brüder hinter ihr? Auch die anderen Leute schauten jetzt erstaunt auf das Mädchen. Das Einzige, was mir auffiel, war, wie eigentümlich vornehm sie angezogen war – schwarze Lackschuhe, ein dunkler, langer Rock und in der Hand hielt sie einen ungewöhnlich geformten Kasten oder Koffer, mit dem sie drohend in unsere Richtung zeigte. Mir blieb jedoch keine Zeit, sie länger zu betrachten.

Das war vielleicht meine einzige Chance: Blitzschnell schnappte ich meinen Rucksack und rannte in Richtung Stadtpark, wo ich sogleich vom Hauptweg abbog, um mich weiter ins dunkle Gebüsch zu schlagen. Nasse Zweige klatschten mir ins Gesicht. Erst nach etwa hundert Metern blieb ich schwer atmend stehen, um aufmerksam nach eventuellen Verfolgern zu lauschen. Nichts rührte sich.

Nur ein gleichmäßiger Regen trommelte auf die letzten Kastanienblätter über mir. Ich merkte, wie mein linkes Auge anzuschwellen begann. Als ich mir mit meinem Ärmel übers Gesicht wischte, sah ich deutliche Spuren von Blut. Trotzdem fühlte ich kaum Schmerzen, sondern musste zuerst an das eigenartige Mädchen denken. Wer war sie? Woher hatte sie den Mut genommen, um mir zu helfen? Und hatten sie die Schläger danach in Ruhe gelassen – oder etwa ebenfalls angegriffen?

Erst jetzt merkte ich, dass ich meine Brille zurückgelassen hatte – und dabei nicht einmal wusste, ob sie überhaupt heil geblieben war. Ich beschloss noch eine Weile abzuwarten, um dann vorsichtig zurückzupirschen. Irgendwann würden sich die Typen sicher aus Langeweile davonmachen. Dann könnte ich in Ruhe meine Brille suchen.

Nachdem ich etwa eine Viertelstunde unter dem Dach eines kleinen Schuppens beim Kinderspielplatz gewartet hatte, verließ ich den Stadtpark beim gegenüberliegenden Ausgang, um mich dann möglichst unauffällig der Haltestelle aus einer anderen Richtung zu nähern als der, aus der ich vorhin weggelaufen war.

Tatsächlich hatte ich mich nicht geirrt. Inzwischen standen nur noch etwa sechs oder sieben Leute herum, deren Umrisse ich durch das fahle Neonlicht einer der Reklametafeln an der Haltestelle gut unterscheiden konnte. Ein Glück – die beiden Schläger waren nicht mehr dabei!

Erst als ich nur noch etwa zehn Meter entfernt war, fiel mir auf, dass eine einzelne kleine Person an einem Ende der Bank hockte, die Beine hochgezogen und den langen Rock um sich geschlagen, um sich gegen die Kälte zu schützen. Da sie den Kopf nach unten gerichtet hatte, erkannte sie mich erst, als ich unmittelbar vor ihr stand.

»Da bist du ja endlich«, sagte sie leise und schaute mir ernst und gerade in die Augen.

»Woher wusstest du, dass ich zurückkommen würde?«, fragte ich verdutzt zurück.

»Weil ich dachte, dass du deine Brille noch brauchst!«, meinte sie, fingerte aus ihrer Jackentasche meine Brille und reichte sie mir herüber.

Die Brille war ziemlich verschmiert, aber sie war nicht kaputt. Auch das hatte sie also für mich geregelt! Was für ein Mädchen – so zart, so tapfer, so hoffnungslos unattraktiv, so ernst. Wie sollte ich mich nur bei ihr bedanken?

»Mensch, das war wirklich super von dir!«, sagte ich etwas hilflos, aber ich meinte es wirklich ehrlich.

Sie nickte stumm, zog die Achseln ein wenig hoch und entgegnete nach einer Pause: »Is' okay! Ich bin nicht besonders mutig, falls du das denkst. Mir ist einfach der Kragen geplatzt bei diesen brutalen Idioten!« Und nach einigem Zögern fügte sie hinzu: »In Wirklichkeit bin ich total feige …«

Ich sah sie ratlos an mit ihren Lackschuhen und dem unförmigen Koffer, in den qua Format sowohl ein Maschinengewehr als auch eine Riesengeige gepasst hätten. So seltsam, wie sie mir erschien, konnte ich mir bei ihr inzwischen beide Möglichkeiten vorstellen. Endlich fiel mir etwas ein, um mich bei ihr zu bedanken: »Kann ich dich zu 'ner Pizza oder so was einladen?«

»Ja, kannst du machen«, erwiderte sie und sprang auf. »Aber bezahlen tu ich selber!« Ich wischte meine Brillengläser an einem Ärmel meines T-Shirts einigermaßen sauber, setzte sie auf und schlug vor, dass wir zur Pizzeria von Salvatore in die Neustadt fahren sollten. Kaum hatte sie zugestimmt, kam auch schon der Bus und der Abend begann nun eigentlich erst richtig – mein Abend mit ihr.

Die gesamte Zeit im Bus blieb sie stumm, wischte sich nur einmal eine nasse Strähne aus der Stirn. In der dritten oder vierten Kurve stürzte ihr komischer Kasten um. Immer wenn der Bus im zweiten Gang besonders vibrierte, klapperte der mysteriöse Inhalt leise mit. Kurz bevor wir in der Neustadt ankamen, reichte sie mir ein riesiges Taschentuch, um meine Wange abzuwischen, auf der immer noch Blut klebte, das aus einer Platzwunde über dem Auge gelaufen war. Ich glaube, sie murmelte dabei so etwas wie »Scheißnazis!«, aber es kann auch etwas anderes geheißen haben.

In der Pizzeria war es zum Glück beinah leer, sodass wir leicht einen Tisch in einer der gemütlichen Nischen im hinteren Teil des Lokals bekommen konnten, wo man ungestört war.

»Hola, Andy – qué tal?«, begrüßte uns Salvatore, der junge Besitzer, der ganz gut Spanisch konnte und wusste, dass unsere Familie aus Panama kam. Eigentlich heiße ich Andrés, aber Salvatore kann ruhig Andy zu mir sagen.

Dann entdeckte er meine Begleitung und grinste frech, als wollte er fragen: Aus welchem Theaterstück ist die denn weggelaufen? Ich warf ihm einen drohenden Blick zu, der ihn jedoch nicht hinderte, auf dem Weg zur Küche noch lachend mit ironischem Unterton zu rufen: »Qué sexy!«

»Kennst du ihn?«, fragte mich das Mädchen, deren Namen ich noch immer nicht wusste. Sie schaute weiter ernst, irgendetwas schien sie zu bedrücken. Noch nicht einmal hatte sie bisher gelächelt. Hoffentlich war sie nicht wegen des Vorfalls an der Haltestelle so erschüttert. Mir war das immerhin nicht das erste Mal passiert.

Früher war es viel schlimmer, als ich noch klein war, damals, als mein Vater mit mir und meiner Mutter nach Deutschland gekommen war, um hier in einer Art Handelsvertretung für Panama zu arbeiten. Vater war richtig tiefschwarz, meine Mutter eher hellbraun und ich so dazwischen – café con leche, Milchkaffee, meinte Vater manchmal im Spaß. Für die meisten Leute hier war ich einfach ein Schwarzer, natürlich aus Afrika, was sonst! Es gab viele, die hatten keinen blassen Schimmer, dass Panama in Mittelamerika liegt.

Nicht so Salvatore. Er interessierte sich sehr für die Welt und sprach außer seiner Muttersprache Italienisch auch noch gut Spanisch, Deutsch und Französisch. Und er war fast immer lustig. Wenn ihn mal jemand als Spagettifresser anpöbelte, grinste er nur und meinte: »Ah, Spagetti Carbonara – super!« Wenn ihn allerdings jemand anfasste, dann schlug er zu, ohne nachzudenken. Zweimal hatte er schon eine Anzeige wegen Körperverletzung an den Hals bekommen, die jedoch beide Male fallen gelassen werden musste, da die anderen eindeutig angefangen hatten.

»Das ist Salvatore!«, antwortete ich dem Mädchen neben mir, das nervös in der Speisekarte zu blättern begonnen hatte.

»Wie heißt du denn?«, versuchte ich meinerseits eine schlichte Konversation in Gang zu bringen. Ich hatte mir fest vorgenommen, nett zu ihr zu sein.

»Lena«, entgegnete sie, ohne von der Speisekarte aufzuschauen. Dann sagte sie: »Eigentlich habe ich gar keinen Hunger. Mir ist total schlecht, weil meine Mutter und alle Lehrer und ein paar hundert Schüler auf mich warten – ich aber solche Angst habe.«

»Du hast Angst?« Ungläubig musterte ich sie erneut. Sie war immerhin die Einzige unter bestimmt fünfundzwanzig Erwachsenen gewesen, die mir geholfen hatte.

»Und wie …!«, schluchzte sie plötzlich auf. Ich sah, wie ihre Augen feucht wurden. Schon liefen die ersten Tränen über ihre Wangen. Bitte nicht, dachte ich erschrocken, bloß das nicht, jetzt nicht noch heulen! Unsicher reichte ihr ihr das blutverschmierte Riesentaschentuch zurück. Vielleicht braucht sie wegen regelmäßiger Heulanfälle solche Taschentuchformate?

Mit einem sicheren Gefühl für schlechtes Timing stand plötzlich Salvatore neben uns: »Na, Señorita, schon gewählt?«

»Bring zwei Cola und verpiss dich!«, zischte ich ihm zu. Erst jetzt bemerkte er Lenas verheultes Gesicht. »Sorry«, murmelte er und verschwand. Er tat oft cooler, als er tatsächlich war. Tränen bei Mädchen machten ihn schwach, das wusste ich.

Lenas Körper bebte noch von ihrem Heulanfall, aber langsam ging es wieder.

»Wovor hast du denn solche Angst, Lena?«, fragte ich sie vorsichtig.

Sie deutete auf den unförmigen Kasten.

»Alles wegen dem Ding da!«

Vielleicht war ja doch ein Maschinengewehr darin.

»Hast du einen Banküberfall hinter dir und jetzt Angst, dass es rauskommen könnte?«, versuchte ich, ihr etwas Lustiges zu sagen.

Sie schüttelte heftig den Kopf: »Wenn's mal bloß so was wäre!«, meinte sie trocken und lächelte nun zum ersten Mal ein ganz klitzekleines bisschen.

Wow, dachte ich, die ist ja echt gut drauf! Von wem stammte auch wieder der Spruch: Was ist der Überfall auf eine Bank gegen den Besitz einer solchen? Etwa von ihr?

Dann holte sie den komischen Koffer unter ihrem Stuhl hervor, knallte das Ding auf den Tisch und öffnete nach einigem Herumfummeln an zwei Schlössern den Deckel. Gespannt schaute ich hinein. Enttäuschung – doch nur eine Riesengeige!

»Eine Bratsche!«, sagte Lena.

Ich kapierte mal wieder nichts: »Und vor der hast du Angst?«

»Wenn du wüsstest!«, meinte sie aufbrausend. Ihre Stimme hatte jetzt einen lauten und schrillen Klang bekommen. »Ich bin die zweite Bratsche in unserem Schulorchester und heute Abend ist eine große Schulaufführung bei uns!«

Ach du lieber Sandmann! Jetzt war alles klar: die verschroben elegante Garderobe, ihr langes Herumstehen bei der Haltestelle – sie hatte Lampenfieber ersten Grades, Panik vor einem Auftritt vor der ganzen Schule, wahrscheinlich Riesenangst vor einem Fehler beim Spielen, der von allen gehört wird.

»Spielt du denn so schlecht?«, fragte ich nach. Endlich hatte sie wenigstens begonnen, ihr Problem mit mir zu teilen.

»Nein, das ist es nicht. Ich habe sogar schon einmal einen Preis gewonnen. Aber heute Abend kommt meine Mutter und die ist selbst Pianistin. Die hört echt jeden Misston. Das heißt, eigentlich ist sie Notenverkäuferin in einem Musikgeschäft. Sie wollte immer Pianistin werden. Aber nach der Scheidung meiner Eltern musste sie Geld verdienen und hatte zu wenig Zeit, um noch richtig zu üben. Deshalb hat sie oft zu mir gesagt: ›Lena, du musst das mal besser machen!‹ Weil wir den großen Flügel noch hatten, bekam ich erst Klavierunterricht und später noch Geige und Bratsche dazu. Sie hat schon so viel Geld in mich gesteckt – und ich habe totale Angst, nicht gut genug zu sein. Verstehst du das?«

Nach ihrem langen Schweigen war ich vor allem von

ihrem unerwarteten Wortschwall beeindruckt. Zum Glück hatten meine Eltern mich nie so mit irgendwelchen Leistungsansprüchen gequält. Ich war meist ein mittelmäßiger Schüler und fand das in jeder Hinsicht praktisch. Auffallen wollte ich weder nach oben noch nach unten. Trotzdem konnte ich Lena verstehen.

»Ja«, sagte ich, »das muss ganz schön blöd für dich sein!«

Lena lächelte erneut. Vielleicht war es dieser Augenblick, dass ich zum ersten Mal jene andere Lena sah, das Mädchen, das vor gut einer Stunde zu meiner Rettung angetreten war. Ein Mädchen, das gar nicht so hässlich war, wie es auf den ersten Blick schien.

Ich sollte noch mehr von Lena kennen lernen. Der Abend war noch nicht zu Ende.

Wie lange geht denn das schreckliche Konzert schon?«, wollte ich plötzlich wissen. Mit einem Mal hatte ich eine grandiose Idee.

Lena schaute auf ihre billige Armbanduhr, die in deutlichem Kontrast zu ihrer übrigen altmodisch-schicken Kleidung stand: »Es müsste jetzt gleich anfangen. Die erste halbe Stunde gibt es noch Reden vom Schulrat und der Elternvertreterin, weil heute das fünfundzwanzigjährige Bestehen unserer Schule gefeiert wird. Und dann beginnt das Festkonzert ...« Schon wieder wurden ihre Augen feucht.

Jetzt oder nie! Aufgeregt hielt ich ihren Arm mit der billigen Uhr fest. »In einer halben Stunde geht erst das eigentliche Konzert los, sagst du?«, rief ich so laut, als wollte ich Schulrat, Elternvertreterin und alle Schüler von hier aus bereits meinen Einfall wissen lassen. »Mensch, Lena – das schaffst du doch! Los – wir fahren da zusammen hin!«

Sie sah mich erst erschrocken an – und schüttelte dann

mutlos den Kopf: »Schau mal, wie ich aussehe mit den an-
geklatschten Haaren! Außerdem – das schaffen wir nie! Mit
dem Bus sind es mindestens vierzig Minuten von hier!«

Aber nun war ich nicht mehr zu bremsen. Resolut klappte
ich ihren Bratschen-Waffen-Koffer zu. »Los – wir schaffen
das! Ich bezahl dir ein Taxi!« Sie schaute noch immer ver-
wirrt, aber leistete schon deutlich weniger Widerstand.

In dem Augenblick kreuzte Salvatore mit den beiden Cola
auf.

»Cola zurück – wir brauchen ein Taxi, Salvatore! Pronto,
pronto!«, rief ich ihm zu.

Im Ernstfall kann man sich immer auf ihn verlassen. Ohne
zu lamentieren, machte er mit den Getränken kehrt und hing
auch schon am Telefon, um uns ein Taxi zu rufen.

Ich zog Lena mitsamt ihrem Koffer an der einen Hand
und meinem Rucksack in der anderen zur Tür. Zwei Minuten später hielt ein Taxi hupend vor dem Lokal.

»Qué dramatico!«, rief Salvatore begeistert und beim
Hinausgehen flüsterte er mir zu: »Aber morgen erzählst du
alles, claro?« – »Claro, Salvatore!«, rief ich zurück.

Als der Wagen bereits angefahren war, wurde Lena plötzlich ganz steif neben mir. Eben hatte sie immerhin noch die
Anschrift der Schule herausgerückt, jetzt stöhnte sie auf einmal: »Niemals, Andy – niemals gehe ich da auf die Bühne!«

Bei mir dachte ich: Nunca digas jamás – sage niemals nie,
heißt das, glaube ich, ungefähr auf Deutsch.

Noch im Taxi zog ich einen Kamm aus meinem Rucksack
und fragte Lena: »Darf ich?« Dann kämmte ich ihr die
Haare so, dass sie ganz anders saßen, vielleicht sogar anders,
als sie es bisher gewohnt war. Ich wusste, wie sich meine
Mutter, die eine sehr schöne Frau ist, frisiert. Es ist immer

irgendwie aufregend, ihr dabei zuzuschauen. Jedenfalls hatte ich es so oft getan, dass ich ungefähr wusste, wie nasses Haar zu behandeln war, um einigermaßen in Form zu kommen. Lena ließ alles mit sich geschehen, ein bisschen wie ein Lamm, das zur Schlachtbank geführt werden soll. »Lass doch«, meinte sie leise, »jetzt ist doch sowieso alles egal ...«

Aber sie wehrte sich auch nicht und das machte mir Mut. In höchstens einer Viertelstunde hielt das Taxi vor dem Hauptportal von Lenas Schule. Ich bezahlte und zog Lena hinter mir her. Ein freundlicher dicker Hausmeister kam aus seinem Zimmerchen auf Lena zu: »Toll, dass du doch noch kommst, Lena! Der Saal ist prallvoll. Deine Mutter und unser Direktor wollten aus Sorge um dich schon die Polizei alarmieren. Aber ich habe gesagt, wir sollten damit mal bis zur Pause warten. Kann doch immer mal was dazwischenkommen, nicht?«

Jetzt erst fiel sein Blick auf mich. Ich bemerkte ein leichtes Erschrecken in seinem Gesicht, das aber genauso gut von meinem geschwollenen Auge und einigen anderen Blessuren kommen konnte als von meiner dunklen Hautfarbe.

»Entschuldigung, junger Mann!«, meinte er zu mir gewandt. »Dies ist eine geschlossene Schulveranstaltung, da haben schulfremde Personen keinen Zugang!«

Er hätte nichts Besseres sagen können, um Lenas Lebensgeister zu wecken.

»Aber Herr Wiechmann!«, rief sie vorwurfsvoll. »Andy ist mein Freund! Und Sie sind doch wohl kein Rassist – oder?«

Unsicher schaute Herr Wiechmann zu Boden. »Wie meinst du das denn, Lena?«

»Machen Sie sich mal keine Sorgen – Sie sind keiner!«, nahm ich ihn in Schutz. Ich fühlte mich inzwischen wie die erste Geige.

Dann endlich erinnerte ich Lena an den eigentlichen Grund unseres Kommens. »Ist deine Bratsche denn schon gestimmt?«

Ich hatte einmal ein Konzert mit meinen Eltern besucht, wobei ich mich am nachhaltigsten daran erinnere, wie noch vor Beginn alle Musiker wie wild auf ihren Instrumenten herumgeklimpert hatten. Das hatte jedenfalls mehr Eindruck auf mich gemacht als das eigentliche Konzert.

»Oje, du hast Recht!«, entgegnete Lena aufgeregt und packte die Riesengeige sowie einen entsprechenden Fiedelbogen aus und begann zu rupfen, zu streichen und an den kleinen Knöpfen am Hals des Instruments zu drehen.

»Hört sich geil an!«, meinte ich anerkennend.

»Spinner!«, war ihre einzige Antwort. Aber sie lächelte zum dritten Mal heute Abend und ich wusste: Ich habe gewonnen!

Als grundehrlicher Typ muss ich spätestens jetzt zugeben, dass ich mir leider absolut nichts aus klassischer Musik mache. Und doch wurde dieses Konzert das schönste, das ich bisher erlebt habe in meinem beinah sechzehnjährigen Leben.

Lena war schon durch irgendeine Seitentür vorausgeeilt, um möglichst unauffällig auf die Bühne zu kommen, bevor der Dirigent jeden Moment den Stock zum ersten Takt heben würde. Es gelang in der letzten Sekunde. Als ich mich hinten in die brechend volle Aula stehend an die Wand drückte, um überhaupt noch etwas sehen zu können, gingen bereits die Lichter im Saal aus, und allein die Bühne mit einem riesigen Schulorchester wurde in gleißendes Scheinwerferlicht getaucht. Ich brauchte einen Moment, bis ich Lena zwischen all den anderen genauso langweilig schwarzweiß gekleideten jungen Musikern entdeckte.

Ab dann verlor ich sie nicht mehr aus dem Blick. Ich fixierte sie, probierte, ein Band zwischen ihr und mir zu knüpfen, einen Strahl, auf dem ich ihr Selbstvertrauen und Kraft zum Durchhalten zu senden versuchte. Die Verbindung schien nicht schlecht zu klappen.

Ich kann leider wenig über die musikalische Qualität der Aufführung sagen – in meinen Ohren klang es ziemlich schrecklich –, aber umso mehr war es ein Genuss für meine Augen: Dieses dünne blasse Mädchen handhabe ihre Bratsche so liebevoll, ja beinahe leidenschaftlich, dass es ein Vergnügen war, ihr zuzuschauen. Plötzlich erschien sie mir nicht mehr mager und hässlich – sie hatte Feuer und Energie bekommen! Ich ertappte mich dabei, wie ich mir vorstellte, ich wäre ihre komische Riesengeige, die ihre Finger liebkosten. Beinah überrascht stellte ich fest, wie schön ich sie fand.

Als das Konzert zu Ende war, gab es tosenden Applaus. Das Orchester spielte noch zwei Zugaben und dann strömten alle möglichen Menschen auf die Bühne, um den jungen Musikerinnen und Musikern zu gratulieren. Der Dirigent, wahrscheinlich der Musiklehrer, bekam einen bunten Blumenstrauß. Ich blieb weiter an der hintersten Wand stehen und gab mir alle Mühe, Lena in dem Durcheinander nicht aus den Augen zu verlieren. Sie stand erst eine Weile abseits. Dann kam der Dirigent auf sie zu, fragte sie etwas und schüttelte ihr die Hand. Einen Moment später wurde Lena umarmt von einer älteren Frau, die einfach gekleidet und genauso klein wie Lena war. Mit ihr ging sie langsam die Bühne hinunter. Ich sah, wie sie der Frau etwas erklärte und sich dabei suchend im sich langsam leerenden Saal umschaute. Ich rührte mich nicht von der Stelle.

Schließlich hatte sie mich aber doch erspäht und kam, die kleine Frau hinter sich herziehend, auf mich zu. Dann standen die beiden auch schon vor mir. Ich schämte mich plötzlich, dass ich mir nicht die Zeit genommen hatte, um mich zu waschen, und wegen der Schlägerei vermutlich aussah wie ein Boxer in der vorletzten Runde.

»Das ist Andy!«, sagte Lena zu ihrer Mutter.

»Guten Abend!«, antwortete ich und nickte Lenas Mutter unsicher zu. Auch Lenas Mutter hatte eine ähnlich ernste Ausstrahlung wie sie selbst. Aber zu mir war sie nicht unfreundlich, ich meinte sogar, einen Anflug von Herzlichkeit zu spüren.

»Es ist wunderbar von Ihnen, dass Sie Lena noch rechtzeitig zur Schule gebracht haben, Andy!«, sagte sie. Ich mochte den Klang ihrer tiefen Stimme, die ich niemals in einem so zarten, kleinen Körper vermutet hätte.

Wieder nickte ich unsicher und bekam kein weiteres Wort heraus.

»Vielleicht wollen Sie uns in den nächsten Tagen einmal zum Abendessen besuchen?«, fuhr Lenas Mutter schließlich fort und gab mir die Hand. Zu Lena gewandt, sagte sie: »Ich warte im Foyer auf euch, ja?«

Inzwischen waren nur noch wenige Menschen in der halbdunklen Aula. Auf der Bühne hatten ein paar Schüler begonnen, die Orchesterstühle übereinander zu stapeln und in einen Nebenraum zu tragen.

Lena stellte ihren Koffer mit der Bratsche auf den Boden und kam einen Schritt auf mich zu. Ohne jede Vorankündigung trat sie plötzlich ganz dicht an mich heran und gab mir einen Kuss auf den Mund. Für sie war es ja vielleicht das erste Mal, dass sie einen Jungen so küsste. Ich habe mindestens schon acht oder neun Mädchen richtig geküsst, mit Zunge und allem – aber dies war der tollste Kuss, den ich je bekommen habe. Sie machte mich damit total aufgeregt und glücklich zugleich, mein Herz klopfte und doch war ich zu keiner Bewegung in der Lage.

»Danke, Andy!«, flüsterte sie mir ins Ohr. Dann gingen wir Hand in Hand aus dem Saal in Richtung Foyer.

Ich würde Salvatore morgen eine Menge zu erzählen haben. Und das Gute an Salvatore ist: Er würde sie verstehen, die ganze verrückte Geschichte. Da bin ich mir sicher.

Frederikes Freundin

Moritz war mein erster Freund. Jemand, dem ich alles sagen konnte, wenn wir uns aneinander kuschelten. Dann spielte ich sanft mit seinen braunen Haaren, die punkmäßig in alle Richtungen abstanden. Er mochte das am liebsten. Sanft schmiegte er sich noch mehr an mich und ich wusste: Ich bin nicht allein auf der Welt.

Gesprochen habe ich über meine Liebe zu Moritz mit niemandem. Wenn ich ihm Bilder malte oder ihm kleine Geschenke eingepackt habe, dann behielt ich das für mich. Einmal überraschte mich Mutter dabei, wie ich an Moritz einen Brief schrieb. Sie tippte sich an die Stirn und meinte kalt: »Sag mal, Frederike, wie alt bist du eigentlich? Moritz hier und Moritz da ... willst du nicht mal mehr mit Kindern in deinem Alter spielen?«

Moritz war zu diesem Zeitpunkt vielleicht ein Jahr alt. Moritz, mein Meerschweinchen.

Jetzt ist er weg. Ganz plötzlich ist er verschwunden. Aus seinem kleinen Gehege im hinteren Teil des Gartens hat er sich freigebuddelt. Irgendwo in Richtung Stadtpark. Dabei kann er bestimmt nicht lange in der Freiheit überleben. Im Stadtpark rennen jede Menge Hunde frei herum. Außerdem – bald kommt der Herbst. Moritz wird das allein nicht schaffen. Ich habe ihn gerufen und gelockt mit seinem Lieblingssalat. Alles vergebens. Nach drei Tagen Suchen habe ich die Hoffnung aufgegeben. Moritz, mein Moritz ist weg.

Ich bin dreizehn Jahre alt und mir laufen die Tränen übers Gesicht, wenn ich an ihn denke. Verdammt noch mal – die meisten anderen Mädchen in meiner Klasse lesen schon GIRL oder BRAVO und wissen alles über Jungs und Sex und wie man sich schminkt oder wie man verhütet. Und mir laufen die Tränen herunter wegen Moritz.

Vielleicht hat Mutter Recht, wenn sie sagt, dass ich total zurückgeblieben bin. Jedenfalls in der Birne. Rein körperlich ist ja alles passiert, was im Biobuch steht: Es zeigt sich ein erster Busenansatz und mein Becken und mein Hintern sind breiter geworden. Seit einiger Zeit habe ich auch die Regelblutung. Aber ganz undramatisch, ich fühle mich nicht übel, habe keine Kopfschmerzen oder sonst welche Beschwerden. Ich habe nur kein Interesse an all dem Getue um die Jungs.

In jeder Pause stehen die meisten Mädchen meiner Klasse zusammen und tratschen über Jungs. »Kennste den Tobias aus der Siebenten?« – »Ja, den mit der Flickenjeans?« – »Nee, den mit dem alten Mofa und der Lederjacke!« – »Der sieht irre gut aus, nich?« – Weißte, dass der mit der blöden Kuh aus der Achten zusammen ist?« – »Mit der Langen mit Brille etwa?« – »Ja, genau – zum Schreien, nicht?«

Und dann schreien und lachen tatsächlich alle, als sei ein Weltwunder geschehen, weil irgendein Tobias oder Michael oder Robby mit irgendeiner Langen oder Dicken oder einer mit Brille oder einer mit X-Beinen einmal zusammen gesehen worden ist. Ach, Moritz, mein Moritz, du fehlst mir so. Ich habe das Gefühl, es gibt niemanden mehr für mich, seit du mich verlassen hast.

Manchmal schaue ich mir Modezeitungen an. Die meisten Klamotten, die dort zu sehen sind, könnte ich mir natürlich nie kaufen. Aber an den jungen Mädchen und Frauen, die dort abgebildet sind, kann ich mich irgendwie gar nicht satt sehen. Oft blättere ich die Fotos durch und frage mich: Welche von denen wäre ich gern?

Ich schaue sie an und es prickelt irgendwie in mir. Ein Prickeln, das noch anders ist als das sanfte Kuscheln mit Moritz. Aber wie?

Zwei Wochen nachdem Moritz verschwunden ist, bin ich wieder einmal auf der Suche nach ihm. Ich streune durch das Gebiet des Stadtparks, das unserem Garten am nächsten ist. Ein bisschen Angst habe ich inzwischen, plötzlich irgendwo unerwartet auf seine kleine Leiche zu stoßen. Ich erinnere mich an ein Gedicht von Ringelnatz, das wir einmal in der Grundschule auswendig lernen mussten. Es handelt von einem Meerschweinchen, dessen Sehnsucht nach dem Meer es verführt, durch den Klokasten in die weite Ferne zu fliehen: »Hinterm Kasten beim Klosett, hockt ein Meerschwein dick und fett ...« Moritz – was war bloß deine Sehnsucht?

Ich finde Moritz auch heute nicht. Meine Arme und Beine sind zerkratzt vom Durch-die-Büsche-Kriechen. Irgendwann lasse ich mich auf einer Bank in der Nähe des Spielplatzes nieder. Da sitzt bereits ein Mädchen, das vielleicht zwei oder drei Jahre älter ist als ich und einen kleinen, höchstens zweijährigen Jungen dabeihat, der in seiner Karre eingeschlafen zu sein scheint. Als ich sie anschaue, sagt sie freundlich: »Das ist mein kleiner Bruder Max!«

Ich betrachte sie länger. Sie ist sehr hübsch, finde ich. Obwohl sie nicht geschminkt ist, erinnert sie mich spontan an die jungen Mädchen aus meinen Modezeitschriften. Sie hat dunkle Augen und lange dunkelbraune Haare. Sonst trägt sie einfach abgeschnittene Jeans, eine weite, helle Bluse und weiße Turnschuhe. Immer noch schaut sie mich freundlich an.

»Max?«, frage ich zurück.

»Ja!«, sagt sie. Ihre Stimme klingt ganz toll.

»Max und Moritz«, sage ich leise. »Den halben Tag habe ich meinen Moritz gesucht!«

»Wird bei euch jemand vermisst?«, fragt sie sorgenvoll. Ihre Stimme ist wirklich wunderschön.

Jetzt spüre ich zum ersten Mal jenes Prickeln ihr gegenüber. Aber ich achte zunächst nicht weiter drauf, sondern beginne – zunächst leise und vorsichtig, später immer schneller und beinah atemlos – ihr alles über Moritz zu erzählen. Wirklich alles, es ist so viel, was ich mit ihm erlebt habe, und noch nie habe ich mit einem Menschen darüber offen reden können.

Das hübsche Mädchen hört sich alles ganz ruhig an. Einmal brummt der kleine Max im Schlaf etwas. Sie streicht ihm über den Kopf und er wird sogleich wieder ruhig und schläft weiter. Am Ende stehen mir Tränen in den Augen. Es war so ein Glück, alles erzählen zu können. Einem Menschen, der alles versteht. Das sehe ich in ihren braunen Augen.

Sie ist inzwischen ganz nah an mich herangerückt und hat einen Arm um meine Schulter gelegt. Ich genieße die Wärme, die von ihr ausgeht. Jetzt nimmt sie mein Gesicht in ihre Hände und streicht sanft eine Träne von meiner Wange.

»Wie heißt du?«, fragt sie leise.

»Frederike«, antworte ich genauso leise, »und du?«

Sie zögerte einen Moment. »Ich heiße Daniela.«

Seit damals im September treffen Daniela und ich uns beinahe jeden Nachmittag im Stadtpark. Meistens ist auch ihr kleiner Bruder dabei. Dann spielen wir zu dritt, bis er müde wird. Max ist neugierig auf alles, und was er findet und mit seinen kleinen Händchen greifen kann, steckt er in den Mund. Meistens entdecken wir es rechtzeitig, aber nicht immer. Max muss einen Magen wie eine Kuh haben.

Am schönsten aber ist, wenn Daniela und ich zusammen reden können. Sie hat schon so viel mehr als ich über das Leben und die Menschen nachgedacht.

»Wenn ich mit der Schule fertig bin, werde ich Sprachen studieren«, erzählt sie mir. »Ich will unabhängig sein, viel reisen können und bestimmt nicht heiraten.«

»Aber willst du keine Kinder?«

»Kommt drauf an!«, meint sie. Worauf, bleibt noch unklar.

Der Sommer geht jetzt spürbar zu Ende. Es beginnt abends schon früher dunkel zu werden. Und ab und zu weht der erste kalte Herbstwind durch die alten Bäume des Parks.

Daniela hat heute einen dicken Pullover über ihre Bluse gestreift. Ich habe sogar schon meinen dicken, roten Anorak an, den mit der Kapuze, den ich eigentlich hässlich finde. Wir reden immer noch, obwohl es schon ziemlich dämmrig und kalt geworden ist.

Daniela erzählt von Spanien, wo sie im letzten Sommer zum ersten Mal allein hinreisen durfte. Ganz eng zusammen sitzen wir so auf der Bank. Kein Mensch ist inzwischen mehr auf dem Spielplatz.

Ich spüre, wie sehr ich Daniela berühren möchte. Aber was wird sie von mir denken? Vorsichtig fahre ich mit meiner Hand unter ihren Pullover. Sie hält inne in ihrem Redefluss und schaut mich ganz ruhig an. Dann nimmt sie sanft meine Hand und führt sie unter ihre Bluse. Die Haut ihres Bauches fühlt sich warm und fest an. Mein Herz klopft wie verrückt. Wie schön, wie aufregend es ist, Daniela zu berühren!

»Hast du Angst, Frederike?«, fragt sie mich sanft.

Jetzt zögere ich einen Moment. »Nein!«, sage ich dann.

Ich sage es ganz ruhig. Vor Daniela habe ich keine Angst. Und vor unseren Gefühlen auch nicht.

Berts Bruder

Bei sechs Kindern kann Mutter sich unmöglich um jeden von uns kümmern. Am meisten Sorgen macht ihr sowieso schon Bert. Vor einem Jahr fing es an mit geknackten Zigarettenautomaten. Da war Bert in der 9. Klasse.

»Dass der bloß nicht nach eurem Vater kommt!«, hat Mutter seitdem mehr als einmal gesagt. Ich kann mich an Papa kaum noch erinnern. Als er plötzlich nicht mehr da war, wurde ich gerade eingeschult. Da ging Bert schon in die 2. Klasse.

So blieb es bis Ende letzten Jahres – immer war er zwei Klassen über mir und wegen aller möglichen Schlägereien in der ganzen Schule berüchtigt. Wenn ich dann dieselben Lehrer wie er bekam, hörte ich oft: »Noch einer aus der Familie!« Meine drei jüngeren Geschwister hat Mutter wohlweislich im Nachbarviertel eingeschult.

Zu mir war Bert eigentlich immer korrekt. Wenn mich in der Pause mal jemand schief anschaute, dann riskierte er leicht Ärger mit meinem älteren Bruder. Und wenn Lehrer laut über ihn schimpften, platzte ich manchmal wütend los: »Mein Bruder ist in Ordnung. Sie kennen den doch gar nicht richtig!«

Ende letzten Jahres, noch vor den Weihnachtsferien, musste Mutter dann eines Tages in die Schule kommen. Am nächsten Tag brauchte Bert nicht mehr hin. Bevor sie ging, hatte sie ihn noch angeschrien: »Kannst du dich nicht so benehmen wie alle anderen auch? Musst du immer so angeben mit deinen Muskeln? Hast du überhaupt nichts im Kopf?«

Bert schwieg dazu. Die ganze Zeit.

Als sie zurückkam, hat sie nicht mehr geschimpft: »Deine Klassenlehrerin ist ja wirklich furchtbar – unser Zuhause sei nicht intakt, hat sie gesagt. Und wir sollen alle eine Therapie machen oder wie das heißt! Ja – wann denn?« Sie holte tief Luft: »Dann bleibst du eben zu Hause, Junge!«

Bert blieb jedoch nicht zu Hause. Seit er von der Schule geflogen ist, geht er vormittags für ein paar Stunden zu einem nahen Supermarkt, schleppt dort im Lager die schweren Getränkekisten und verdient sich ein paar Mark. Nachmittags läuft er immer in den Park und trifft dort »seine Leute«, wie er es nennt.

Vor ein paar Wochen hat mich Bert zum ersten Mal eingeladen: »Kannst ruhig mal mitkommen, wenn du willst!« Aber ich mag nicht. Die Typen grölen mir zu viel herum. Einige haben solche Nazi-Aufkleber an den Jacken von wegen »Deutschland über alles!« und »Ausländer raus!«. Aber eines Tages sollte ich sie gegen meinen Willen doch noch kennen lernen.

Seit Bert nicht mehr zur Schule geht, werde ich ab und zu von weitem mit ihm verwechselt. Nicht wegen meines Verhaltens, sondern nur, weil ich ihm ähnlich sehe. Wie er bin ich ziemlich aufgeschossen und dünn, habe meine blonden Haare ganz kurz geschnitten und vorne hochgestylt. Außerdem hat er mir vor kurzem seine alte Lederjacke vemacht. Da kann man von hinten schon mal denken, ich sei Bert.

Dabei bin ich ganz schön anders als er. Nicht besser oder schlechter. Einfach anders.

Lange Zeit wollte ich das selbst nicht wahrhaben. Im Gegenteil: Ich hatte reichlich Schiss, dass außer mir noch jemand merken könnte, wie anders ich bin. Anders als Bert und alle anderen Jungen, die ich kenne. Alle Jungen in der Klasse, in der Schule, in unserem Viertel.

Bis auf Michael. Wenn ich ihn nicht getroffen hätte, wäre ich vielleicht durchgedreht. Einfach verrückt geworden. Weil es verdammt schwierig sein kann, zu merken, dass du anders bist als alle anderen, die du kennst …

Kennen gelernt habe ich Michael nicht in der Schule, sondern in unserem Fußballverein. Seine Familie ist erst kürzlich in unseren Stadtteil gezogen. Seine Eltern sind beide Lehrer und haben ihn auf eine Gesamtschule geschickt, nicht auf unsere Hauptschule. Es kann nur ein paar Tage später gewesen sein, als er das erste Mal zum Training in unseren Verein kam.

Mit seinen vierzehn Jahren ist er einen Kopf kleiner als ich, aber bestimmt genauso kräftig. Jedenfalls wirkt er genauso alt. Vielleicht auch dadurch, dass er schon ein paar dunkle Bartstoppeln im Gesicht und dunkle Haare an den Beinen hat. Obwohl seine Eltern bestimmt Geld haben, trägt er einen ziemlich zerrissenen Trainingsanzug.

Ich spüre, dass die anderen Jungen ihn genauso neugierig mustern wie ich. Ist er ein Angeber – oder kann er wirklich was?

»Wo hast du bisher gespielt?«, brummt ihm Herr Jarkowsky, unser dicker, schon etwas älterer Trainer, zu.

»Im Sturm!«, antwortet Michael ruhig.

Mark, der unser bester Spieler ist und seit Monaten Mittelstürmer, gibt genauso ruhig zurück: »Bei uns fängt niemand im Sturm an. Zeig erst mal, was du kannst, Kleiner!«

Michael, der wirklich nur ein paar Zentimeter kleiner ist als Mark, schaut ernst zurück, sagt aber kein Wort.

Dann gibt Herr Jarkowsky den Pfiff zum Warmlaufen.

Der dicke Herr Jarkowsky hat früher mal in der ersten Liga gespielt. Vor vielen Jahren muss das gewesen sein. Und dann auch nur ein paar Monate. Aber davon gibt es eine Menge Fotos. Die haben wir alle schon gesehen. Jarkowsky sagt, dass man ganz nach oben kommen kann, wenn man nur hart genug arbeitet. Keiner von uns weiß, wieso er bald wieder rausgeflogen ist.

Eigentlich ist Jarkowsky ein ganz gemütlicher Typ. Aber bei Neuen ist er immer scharf. Da musste jeder von uns durch. Heute ist Michael dran. Jarkowsky lässt ihn erst ziemlich lange am Rand stehen. Da darf Michael gerade mal den Ball holen für uns. Er tut es mit versteinerter Miene. Dann müssen wir Liegestütz und all das machen. Plötzlich will Jarkowsky, dass Michael die doppelte Zahl der Übungen macht.

Das geht etwa eine halbe Stunde. Wir kennen Jarkowsky. Da muss eben jeder durch. Wir finden es weder besonders ungerecht noch gerecht. Vielleicht denken wir auch nicht darüber nach, weil wir ihn sonst für ganz okay halten.

Michael ist der Erste, der nach einer halben Stunde plötzlich innehält und Jarkowsky eisig anschaut. Wir sehen, dass er noch Kraft hat, aber er hört trotzdem mitten in der Übung auf und schweigt. Jarkowsky brüllt wie erwartet: »Zwanzigmal habe ich gesagt, Neuer!«

Michaels Brustkorb hebt und senkt sich. Endlich stößt er hervor: »Ich mache zehn!« Und nach einer Pause: »Wie alle anderen!«

Wir anderen meinen zu wissen, was jetzt kommt: Jarkowsky wird ihn anschreien und drohen ihn rauszuwerfen. Und schließlich wird er behaupten, dass das alle am Anfang so machen müssen, was ja durchaus stimmt. Aber nichts dergleichen passiert.

Der dicke Trainer brummt nur etwas Unverständliches

vor sich hin und gibt dann das Kommando zum Aufstellen der beiden Mannschaften. Michael darf schon am ersten Tag im Mittelfeld spielen.

Es liegt eine eigenartige Stimmung über diesem Nachmittag. Alle scheinen ihr Bestes zu geben. Einmal habe ich kurz das Gefühl, dass es wegen Michael sein könnte und nicht wegen Jarkowsky. Schon nach wenigen Minuten merken wir nämlich, dass Michael wirklich ein klasse Spieler ist. Er hat einen so zielgenauen Schuss wie sonst kaum einer von uns. Höchstens Mark, wenn er einen guten Tag hat.

Am Ende des Trainings gehört Michael zu unserer Mannschaft. Jedenfalls wird ihm am Wochenende keiner seinen Platz im Sturm streitig machen. Und doch verhält er sich anders beim Umziehen und danach. Die wenigsten von uns duschen nach dem Training. Aber fast alle gehen noch in einer nahen Gaststätte etwas trinken.

Bei Michael ist es umgekehrt. Er legt seine verschwitzten Klamotten ordentlich übereinander und duscht dann ausgiebig mit kaltem Wasser. Er hat einen gut trainierten Körper und scheint sich seiner Nacktheit überhaupt nicht zu schämen. Ich kann meinen Blick nicht von ihm wenden. Die anderen scheinen kaum hinzuschauen und machen ihre üblichen Sprüche über Mädchen – wie die aussehen und was sie mit denen alles machen werden. Am Wochenende nach der Disko oder irgendwann sonst.

Dann geht Michael. Er schüttelt Mark die Hand. Uns anderen nickt er zu. Mark ruft ihm nach: »Komm doch noch mit einen trinken, Mann!«

Michael ruft zurück: »Kann leider nicht! Aber danke auf jeden Fall!« Keiner lacht.

So geht das ein paar Monate. Es ist fast ein Ritual: Michael ist gleichzeitig der Star unserer Mannschaft und jeweils nach dem Training ein völliger Außenseiter. Äußerlich gehöre ich weiter zu den anderen, ein mittelprächtiger Spieler, der, wenn er Geld hat, so gut er kann, mit der Gruppe mithält. Innerlich geschieht eine Veränderung mit mir.

Ich fange an eine irre Sehnsucht nach diesem Jungen zu fühlen. Dass ich anders empfinde als die anderen, weiß ich seit langem. Aber erst jetzt, seit ich Michael kenne, findet meine Verwirrtheit ein Ziel.

Bisher konnte ich immer nur denken: So ein Quatsch! Du bist nicht schwul! Schon gar nicht so ein Typ, über den andere Witze reißen, und noch dazu reichlich blöde. So einer bist du nicht!

Jetzt überstrahlt meine Sehnsucht all diese elenden Ängste: Wenn ich nur einmal Michael umarmen könnte, ihn einfach streicheln und ihm ganz nah sein, dann wäre mir alles andere egal. Gleichzeitig denke ich: Aber wie wird er darüber denken? Er scheint zwar auch irgendwie anders zu sein, aber so wie ich? Vielleicht ist er auch einfach ein Einzelgänger und träumt Tag und Nacht umso mehr von Mädchen?

Es sollte noch einmal einige Wochen dauern, bis ich eine Antwort erhielt.

Für ein Auswärtsspiel hat Jarkowsky einen Kleinbus organisiert, mit dem wir an einem Samstagnachmittag in eine Nachbarstadt kutschieren. Das ganze Unternehmen wird ein echter Erfolg, zumal wir diesen Gegner noch nie vorher geschlagen hatten. Auch Michael hat wieder zwei Tore geschossen.

Es ist schon dunkel, als wir zurückfahren und alle wie

wild im Bus herumgrölen. Ich wollte gar nicht neben Michael sitzen, weil ich dachte, da dürfte höchstens Mark Platz nehmen. Aber Michael bestand darauf, dass ich auf der hinteren Bank den Sitz am Fenster neben ihm bekommen sollte.

Während der gesamten Fahrt reden Michael und ich kein Wort. Doch durch die Enge der Sitze sind unsere Oberschenkel eng aneinander gepresst. Als ich einmal den Druck etwas verstärke, spüre ich, wie Michael ihn sanft erwidert.

Kaum sind wir bei unserem heimatlichen Sportplatz angekommen, beschließen die anderen sofort die Feier im Clubhaus fortzusetzen.

»Diesmal musst du aber mit uns feiern!«, meinte der stolze Jarkowsky freundlich. Doch dann nimmt es Michael wie gewohnt keiner übel, dass er gleich wieder aufbricht. Bevor er geht, schaut er mich länger an als sonst.

Nur wenige Minuten später stehle auch ich mich davon. Und richtig: Michael steht auf der gegenüberliegenden Straßenseite im Mondschatten eines alten Baumes und wartet. Als ich bei ihm bin, bekomme ich noch immer kein Wort heraus. Auch Michael muss sich räuspern. Dann sagt er kaum hörbar: »Du fühlst auch so wie ich, ja?«

Ich bleibe stumm, traue mich aber endlich, seine Hand zu nehmen. Ich spüre, dass sein Körper genauso bebt wie meiner.

»Komm!«, flüsterte er mir leise ins Ohr. Dann rennen wir wie zwei Verrückte in Richtung Stadtpark, der auf halbem Weg zwischen dem Sportplatz und unserem Viertel liegt. Am Rand einer kleinen Wiese hält Michael mich plötzlich an meiner Jeansjacke fest und beide purzeln wir aus dem Laufen über den Rasen.

Unser Atem geht schwer und doch berühren wir uns trotz aller aufgestauten Sehnsucht mit unglaublicher Sanftheit.

Mit seiner warmen Hand streichelt Michael meinen Rücken unter dem Pullover. Unsere Körper glühen so, dass wir die Kühle des feuchten Rasens kaum spüren. Noch nie habe ich die Haut eines anderen Jungen so nah und überall gespürt ...

Es ist schon verrückt: Zwei Jungen von vierzehn und fünfzehn Jahren lieben sich mitten in der Nacht auf einer Wiese im Stadtpark – und ich spüre mit einer nie gekannten Ruhe, dass genau das völlig normal ist, dass ich gerade etwas erfahren durfte, das viel tiefer geht als alle Äußerlichkeiten und unsinnigen Vorurteile. Ich spüre ohne Angst, dass ich schwul bin. Und dass es etwas verdammt Schönes ist, wenn man überhaupt auf dieser komischen Welt lieben kann ...

Keine Ahnung, wie lange wir eng umschlungen auf der Wiese gelegen haben. Irgendwann wurde uns wohl doch kalt und irgendwann dachte ich darüber nach, was wir wohl gemacht hätten, wenn ein nächtlicher Spaziergänger vorbeigekommen wäre. Als ich Michael darauf anspreche, lacht er: »Der hätte uns nichts getan – zusammen sind wir doch stark, oder?« Er strahlt eine Fröhlichkeit aus, wie ich sie nie vorher bei ihm erlebt habe.

Ich bin inzwischen sicher, dass die anderen Jungen in unserer Mannschaft mitbekommen haben, dass Michael und ich nicht nur Kumpels sind, sondern dass mehr zwischen uns läuft. Obwohl sie sonst viel Unsinn erzählen, respektieren sie uns doch ohne Einschränkung. Okay, wir tauschen in ihrer Gegenwart auch keine Zärtlichkeiten aus. Aber wir geben auch nie wie die anderen mit Mädchen an.

Da wir uns weder bei mir noch bei Michael zu Hause ungestört treffen können, bleibt eine bestimmte Stelle im Stadtpark unser geheimer Ort. Mutter ist ganz erfreut über meine Freundschaft mit Michael, aber, wie ich fürchte, vor allem deshalb, weil sie ihn wegen seiner Eltern für einen »besseren Umgang« hält.

Der Einzige, der einmal eine blöde Bemerkung machte, war Bert. Vielleicht ist er auch der Empfindsamste in unserer Familie und hat deshalb eine feinere Antenne. Als ich einmal von einem Parktreffen mit Michael spät nach Hause kam und er noch wach im Bett lag, fragte er mich zunächst noch ganz ruhig: »Wo kommst du denn jetzt her?«

Ich antwortete genauso ruhig, aber vielleicht doch mit einem verliebten Unterton: »Von Michael.«

Aus heiterem Himmel knurrte Bert mich aggressiv an: »Werd bloß nicht schwul, Alter!«

Ich war so überrascht, dass ich kein Wort der Entgegnung herausbekam. Aber die echte Konfrontation stand noch bevor.

Vielleicht hätte ich ahnen müssen, dass es einmal dazu kommen würde. Von Michael weiß ich, dass sich in unserem Park öfter Banden herumtreiben, die schon mal Leuten die Handtaschen klauen und so was. Ich weiß, dass nachmittags auch Bert mit »seinen Leuten« in der Nähe des alten Denkmals zusammenhockt und sie da über ihre Nazisachen quatschen. Aber abends gehen sie meistens in eine kleine Gaststätte ganz in der Nähe.

Es ist ein schöner, warmer Sommerabend, als Michael und ich uns am Rand des Parks treffen, um gemeinsam zu unserem »geheimen Ort« zu gehen. Obwohl es bereits dunkel ist, hat Michael sein Hemd über die Schulter geworfen. Seine von der Sonne gebräunte Haut hebt sich dunkel gegen das helle Hemd ab. Während wir gehen, lege ich ihm leicht einen Arm auf die Schulter.

Sie müssen schon eine kurze Zeit hinter uns gewesen sein.

Vielleicht haben sie uns auch schon vom Parkrand aus verfolgt. Plötzlich kommen von hinten sieben oder acht junge Männer auf uns zu. Einer reißt mich an meinem Hemd herum, wobei ein Ärmel geräuschvoll abfetzt. Dann pöbelt er mir direkt ins Gesicht: »Seid ihr schwul oder was?«

Michael gibt unerschrocken zurück: »Was denn sonst, du Arschloch!«

Er hat kaum ausgesprochen, als ein anderer so zuschlägt, dass Michaels Kopf nach hinten fliegt und Blut aus seiner Nase spritzt. Zwei andere beginnen mit Stiefeln nach uns zu treten. Dabei schreit die ganze Meute: »Ihr Arschficker! Achtung, die Süßen haben Aids!« Und lauter solche Sprüche.

Michael und ich schlagen zurück, so gut wir können. Die sollen bloß nicht denken, dass sie uns ohne Gegenwehr einfach zusammenhauen können oder wir gar weglaufen. Aber unsere Chancen stehen nicht gut.

Einer aus der Bande, der sich bisher eher zurückgehalten hat, verpasst mir plötzlich einen Schlag in den Magen, wobei er mir so nahe kommt, dass ich trotz der Dunkelheit sein Gesicht erkennen kann. Wie gelähmt nehme ich seinen Schlag entgegen, hebe nicht einmal die Arme zur Abwehr. Der Schläger vor mir ist Bert!

Erst in diesem Moment verlässt mich all mein Kampfesmut. Tränen schießen mir in die Augen. Noch immer scheint er mich nicht erkannt zu haben. Schließlich stoße ich hervor: »Mensch, Bert – bist du verrückt geworden?«

Als hätte ich ein Zauberwort ausgesprochen, hält die Bande inne mit ihrer Prügelei. Alle starren auf meinen älteren Bruder. Auch Michael, der sich mit dem Arm das Blut aus dem Gesicht wischt.

Ein paar Sekunden sagt niemand ein Wort.

Dann motzt einer der Schläger meinen Bruder an: »Sag mal, Alter – du kennst die Schwulen?«

Bert atmet schwer. Nur ganz langsam scheint er die Situation voll zu erfassen. Ich schaue ihm direkt ins Gesicht. Er erwidert meinen Blick nicht, schaut lange zu Boden. Dann gibt er sich einen deutlichen Ruck und tritt einen Schritt vor. Jetzt klingt seine tiefe Stimme ruhig und klar: »Mein Bruder ist in Ordnung! Den rührt ihr nicht an!«

Rias Reise

Beinah wäre in letzter Minute noch alles schief gegangen. Mehr als zwei Wochen habe ich heimlich alles geplant: mein gesamtes Sparkonto geplündert, im Reisebüro des Nachbarortes die billigste Bahnstrecke ausgekundschaftet – ein Bummelzug mit dreimal Umsteigen – und schließlich alle Schulbücher in den Müllschlucker des großen Hochhauses am Anfang unserer Straße gekippt, um Platz in meinem Schulrucksack zu haben für wichtigere Dinge des Lebens: zwei paar Socken, einmal Unterwäsche, meinen neuen Badeanzug eingerollt in ein Handtuch, einen warmen Pullover, die gelbe Regenjacke, meine alte Zahnbürste und eine angebrochene Familientube Zahnpasta, mein Taschenmesser mit Dosenöffner und das Sturmfeuerzeug, das ich von meinem älteren Bruder Karsten geerbt habe.

Die Bahnfahrkarte und das restliche Geld – hundertfünfundachtzig Mark – habe ich in ein flaches Portmonee gestopft, das ich so in meine Unterhose gesteckt habe, dass von außen nichts zu sehen ist.

Eigentlich reden wir fast nie beim Frühstück miteinander Mutter ist morgens in der Regel noch mit ihrem Make-up beschäftigt, während Karsten den Walkman aufhat und mit grimmigem Gesicht seine komische Diät – ein undefinierbares Pulver, das unter Hinzufügung von fettarmer Milch zu einem eklig braunen, nach nichts schmeckenden Brei wird – in sich hineinlöffelt, durch den angeblich seine eitrigen Pickel auf Stirn und Nase nicht nur verschwinden, sondern einem »pfirsichsanften Teint« Platz machen sollen, wie auf der ökofreundlichen Papptüte zu lesen ist. Bis jetzt hat sich nichts getan. Außer dass Karstens Laune täglich schlechter wird.

Ich bin so weit. Nach außen tue ich, als wäre es ein ganz normaler Tag. Auch ich versuche – wie meistens – genervt auszusehen. Innerlich jedoch hüpft mein Herz vor lauter Vorfreude. Endlich kann ich weg aus diesem Kaff mit all seinen sauertöpfischen Menschen, die den ganzen Tag über am Meckern sind, über die Arbeitslosigkeit, die schlechten Löhne, die Ausländer sowieso und die paar Ossi-Familien, von denen die meisten wegen einer Arbeitsbeschaffungs-maßnahme vor zwei oder drei Jahren an den Rand unserer Kleinstadt gezogen sind, in eine armselige Gegend ohne gute Busverbindung, wo sonst sowieso niemand wohnen will. Ein einziger Typ von drüben hat hier bislang den Durch-bruch geschafft. Nicht weit weg von uns hat er eine alte Tankstelle zu einer Raststätte mit Benzinstation und Wasch-anlage aufgedonnert, was ihm nur von wenigen Anerken-nung und von den meisten Neid und Missgunst einbringt. Ich will weg aus Deutschland und eine Weile möglichst kei-nem Deutschen über den Weg laufen müssen.

In einem halben Jahr wäre ich mit der Schule fertig. Seit zwei Jahren redet Mutter auf mich ein: »Ria, Kind, was willst du denn nun bloß werden? Du musst doch endlich mal eine Vorstellung haben, welchen Beruf du lernen willst!« Habe ich aber nicht. Ich will weder von Montag bis Freitag als Sekretärin in einem Büro hocken (»Da machst du dir we-nigstens nicht die Hände dreckig!«) noch mir als Verkäufe-rin in einem Laden die Beine in den Bauch stehen (»Aber da bist du doch wenigstens unter Menschen!«).

Himmel, das ganze Leben lag doch noch vor mir! Und was hatte ich bisher schon von der Welt gesehen? Früher, als

Vater noch bei uns wohnte, waren wir als Kinder zweimal in Spanien gewesen. Aber daran erinnere ich mich kaum noch. Außer dass es immer tierisch heiß war, Mutter einen schrecklichen Sonnenbrand hatte und Vater ab nachmittags meist total blau und unansprechbar war, weil er weder die Hitze noch die spanischen Getränke gewöhnt war.

Ich will mir einfach nicht ausreden lassen, dass es hinter dem Horizont noch eine ganz andere Welt gibt. Und die, denke ich, könnte frühestens ab Paris beginnen. Über die Stadt habe ich mal einen irre schönen Liebesfilm gesehen. *Paris et l'amour!* Ach, dabei kann ich gar kein Französisch. In der Schule habe ich bisher nur Englisch gehabt und bin auch da nicht einmal besonders gut.

Gerade habe ich mein Schulbrot wie jeden Tag unauffällig in die Außentasche meines umfunktionierten Rucksackes gesteckt, als Mutter aus dem Badezimmer kommt und mich am Arm festhält.

»Ach du lieber Gott, jetzt hätte ich beinah vergessen, dass du unbedingt auf dem Weg zur Schule noch das Geburtstagspaket für Tante Inge beim Postamt abgeben musst. Komm, ich tue es dir einfach in deinen Rucksack, es ist nicht schwer, und dann brauchst du es nicht zu tragen!«, redet sie vor sich hin, hat dabei schon aus dem Schlafzimmer das fertig verklebte Paket geholt und beginnt bereits, sich am Verschluss meiner Rucksackklappe zu schaffen zu machen. Mit einem Ruck drehe ich mich um.

»Gib her!«, rufe ich erschrocken und reiße ihr das Paket aus der Hand.

»Was hast du denn?«, fragt sie erstaunt. Jetzt darf ich mir nicht noch mehr anmerken lassen.

»Ich nehm's lieber unter den Arm!«, sage ich so ruhig wie

möglich. Etwas Besseres fällt mir nicht ein. »Wie viel soll es denn Porto kosten?«

»Keine Ahnung«, meint Mutter. »Hier sind zehn Mark, den Rest gibst du mir heute Abend!«

»Ja, ist okay!«, entgegne ich erleichtert. Sie hat wirklich nichts gemerkt.

Kaum bin ich unten auf der Straße, renne ich, so schnell ich kann, zum Postamt. Zum Glück wartet keine lange Schlange vor dem Schalter. In einer halben Stunde geht mein Zug und etwa so lange brauche ich im besten Fall auch bis zum Bahnhof. Ich habe wirklich keine Zeit zu verlieren.

»Wollen Sie es per Luftpost schicken?«, fragt der Postangestellte hinter dem Schalter.

»Ich habe zehn Mark!«, antworte ich. Umständlich beginnt er das Paket zu wiegen und dann in einem dicken Heft zu blättern. »Das wären dann zwölf Mark per Luftpost!«, meint er endlich. Ich beginne zu schwitzen.

»Und ohne?« Wieder fängt er an zu wiegen und holt schließlich ein anderes Heft hervor. Bevor er beginnt, auch darin nachzusehen, unterbreche ich ihn und rufe ungeduldig: »Ist gut, Luftpost, machen Sie mal Luftpost!« Unter den irritierten Blicken einiger hinter mir stehender Kunden öffne ich meinen Hosenschlitz und wühle aus meiner Unterhose zwei Mark von meinem restlichen Bargeld. Ich werfe die beiden Münzen und Mutters Zehnmarkschein vor den Portoexperten und ziehe meine Hose wieder dicht. Den Zug erreiche ich im letzten Moment, schweißnass, nach Luft ringend und mit wild schlagendem Herzen. Und doch – ich habe es geschafft!

Als der Zug anfährt, denke ich, dass jeder mir ansehen müsste, dass dies ein besonderer Tag, eine besondere Reise wäre, dass heute an diesem besonderen Morgen die bislang gewöhnliche Schülerin Ria B., beinah siebzehn Jahre, in die Welt aufbrechen würde. Doch niemand beachtet mich. Wahrscheinlich meinen die wenigen, die überhaupt etwas denken, dass dies mal wieder typisch sei für die heutige Jugend, immer in Hetze, vermutlich wieder zu lange geschlafen und jetzt zu spät zur Schule. Wenn die wüssten ...

Spät am Abend komme ich am Pariser Ostbahnhof an. Während der Fahrt ist alles gut gegangen. Irgendwann mittags habe ich das letzte Schulbrot meines Lebens gegessen, später für vier Mark (!) eine winzige Dose Apfelsaft von einem Kellner im Zug gekauft. Da ich ein bisschen geschlafen habe unterwegs, fühle ich mich gar nicht erschöpft, sondern voller Energie, als der Zug hält und ich mit vielen anderen Fahrgästen zum Hauptausgang laufe.

Der Pariser Ostbahnhof ist ein riesiges Gebäude mit einem prächtigen Eingangsportal, viele gusseiserne Verzierungen vom Anfang des Jahrhunderts, um mich herum ein unbekanntes Sprachengewirr, Geschäftsleute mit teuren Aktenkoffern, Mütter mit müden Kindern, mehrere Jugendliche in meinem Alter, die Zigaretten rauchend in kleinen Gruppen beieinander stehen, ein paar Bettler mit halb vollen Weinflaschen, zwei französische Polizisten mit ihren typischen runden Schirmmützen, wie ich es auch in jenem Liebesfilm gesehen hatte, und mittendrin – ich.

Das Glücksgefühl, das mich durchströmt, ist mindestens so groß wie der Hunger, den ich jetzt zum ersten Mal deutlich im Magen fühle. An einem Stand werden lecker duftende Brote verkauft. Wo kann ich Geld wechseln? Ich laufe zurück in den Bahnhof und finde ohne Schwierigkeiten einen Schalter, wo auch um diese Stunde noch getauscht werden kann. Ich schiebe einen Fünfzigmarkschein hinüber und bekomme kurz darauf einen Packen französische Francs, von denen ich einen Teil in meinem Unterhosenversteck bewahre und den anderen einfach in die Tasche stecke. Stolz gehe ich zurück zu dem Bäckereistand.

»Baguette?«, frage ich unsicher. Der dicke Verkäufer grinst freundlich und reicht mir ein langes, noch ofenwarmes Weißbrot, wobei er mir etwas zuruft. Als er merkt, dass ich kein Französisch verstehe, zeigt er mir drei Finger seiner rechten Hand. Aha, drei Francs. Ich gebe ihm eine Banknote und bekomme ein paar kleine Münzen zurück. Das trockene Brot schmeckt wie eine Geburtstagstorte. Ich setze mich auf eine Bank in der Nähe des Ausgangs und genieße jeden Bissen. Vor dem Bahnhof beleuchten gelbliche Lampen, die an hohen herrschaftlichen Säulen aufgehängt sind, den weiten Platz, der an zwei Seiten von alten Bäumen eingegrenzt wird und gegenüber in zwei breite Avenues mündet. Es ist ein milder Abend. Ich friere nicht, obwohl ich noch immer nur mein T-Shirt trage.

Allmählich wird mir klar, dass ich mir ein Bett für die Nacht werde suchen müssen. Als Mädchen kann ich nicht einfach irgendwo draußen übernachten. Außerdem wäre es nicht gut, wenn mich gleich am ersten Abend die Polizei aufgreifen würde, nur weil ich mich irgendwo verbotenerweise zum Schlafen hingelegt hätte. Langsam schlendere ich zurück in das Bahnhofsgebäude, um zu schauen, ob dort noch eine Touristeninformation geöffnet ist, wo ich nach einer Jugendherberge oder so etwas fragen könnte. Spätestens morgen müsste ich auch beginnen, mich nach irgendeinem Job umzusehen, denn mit dem verbliebenen Geld würde ich nicht lange durchhalten können.

Tatsächlich: Paris ist eine echte Weltstadt! Sogar drei Schalter einer hell erleuchteten Touristeninformation sind geöffnet. Vor jedem stehen lange Schlangen von Reisenden. Auf gut Glück wähle ich den linken Schalter. Ich habe keine Eile. Und in dieser Schlange kann ich mich immerhin hinter einen Jungen stellen, der einfach unverschämt gut aussieht: kurze braune Haare, ein silberner Ohrring, eine enge Jeans, die ihm super steht, und ein schlichter, hellblauer Pullover, der gut mit seiner gebräunten Haut kontrastiert. Vor seinen Füßen steht ein kleiner Rucksack, der meinem nicht unähnlich ist.

Er blättert in einem Taschenbuch, dessen Umschlag ich erst nicht erkennen kann. Seine Umgebung beachtet er kaum. Ab und zu schiebt er mit dem Fuß seinen Rucksack etwas weiter, wenn wir in der Schlange ein wenig aufrücken können. Es ist toll, diesen südländischen Jungen so ungestört anstarren zu können.

Jetzt schaut er einmal auf, aber nicht in meine Richtung. Aha, er orientiert sich an der Bahnhofsuhr, wie spät es ist. Wahrscheinlich kennt er sich hier aus. Als er eine Seite seines offensichtlich superspannenden Buches umblättert, kann ich kurz einen Blick auf den Umschlag werfen. Irgendeine Strandlandschaft ist da farbig abgebildet und ein fremd klingender Titel, den ich nicht verstehe. Er ist vermutlich Franzose, vielleicht von der Mittelmeerküste, Côte d'Azur irgendwo, der jetzt ein wildes Wochenende in Paris verbringen möchte …

Zu gern würde ich ihn ansprechen. Überhaupt fühle ich mich freier und mutiger, seit ich von zu Hause weg bin. Aber ich kann ja kein Wort Französisch. Ich hoffe, die ältere Frau hinter dem Informationsschalter wird mein holpriges Schulenglisch verstehen. Wieder geht es ein Stückchen weiter in der Schlange, noch vier Leute sind vor mir und dem scharfen Franzosen.

Plötzlich merke ich, wie sich ein Junge aus der Warte-schlange neben uns vorsichtig an seinem Rucksack zu schaffen macht. Wirklich, echt professionell – er tut so, als würde er sich bücken, um einen Schnürsenkel zuzubinden, und fingert dabei geschickt an der Seitentasche des Rucksacks herum, ohne dass der Franzose es merkt.

Den Typ hat mir der liebe Gott geschickt. Er ist bestimmt einen Kopf kleiner als ich und sieht nicht gerade kräftig aus. Gerade als er mühsam die Schnalle aufgefummelt hat, mache ich einen Schritt auf ihn zu und stoße ihn gegen die Schulter, sodass er nach vorn kippt und mehr verdutzt als erschrocken zu mir hochschaut. Der Franzose erfasst die Szene in einer Sekunde – die geöffnete Rucksackschnalle und der nun doch ängstliche Blicke des am Boden hockenden Jungen zu uns hoch machen ihm klar, was gerade am Laufen ist.

Wenn ich doch bloß ein Wort Französisch könnte! Ich mache eine etwas angeberische Geste mit der Hand und grinse ihn unsicher an, so etwa im Stil: Gern geschehen, mache ich doch gern, so jemanden wie dich vor Straßenräubern zu schützen!

Der schwächliche Taschendieb hat sich inzwischen erhoben und versucht, sich in der Menge zu verdrücken. Der tolle Franzose und ich lachen uns an. Den zu verfolgen ist die Mühe nicht wert. Er reicht mir die Hand und sagt: »Tut mir Leid, ich kann leider kein Französisch – aber es ist super von dir, dass du das verhindert hast!«

Nun ist es an mir, verdutzt zu schauen: »Bist du kein Franzose?«

»Nein!«, sagt er und nun erkenne ich selbst seinen leichten Dialekt, der dem meinen verdammt ähnlich ist. »Ich kenne hier niemanden. Ich bin gerade mit dem Zug aus Deutschland angekommen.«

Evrims Ehre

Mir ist klar, dass das eine harte Sache für dich ist, Rick. Ich bin mir auch keineswegs sicher, ob es überhaupt einen Sinn hat, dir noch einmal alles in Ruhe aufzuschreiben. Aber es ist das Einzige, was uns im Moment bleibt.

Denn sehen werden wir uns so schnell nicht wieder. Es geht einfach nicht. Bitte versuch es zu verstehen. Bitte, Rick! Ich kann dir einfach nicht die Anschrift in London geben. Nein, es ist kein anderer Junge oder Mann im Spiel! Ich liebe dich, Rick – keines meiner dir ins Ohr geflüsterten Worte war gelogen, sosehr du jetzt vielleicht auch daran zweifeln magst.

In London werde ich bei Avin leben, meiner älteren Schwester, die vor zwei Jahren weggegangen ist. Deren Anschrift habe nur ich. Nicht mein Vater, nicht meine Mutter, nicht meine anderen Geschwister wissen, wo Avin in London lebt – und Evrim schon gar nicht. Das macht ihn ja so kaputt: dass zwei seiner Schwestern aus seiner Sicht alles verraten haben – unsere ganze Kultur, unsere Geschichte, unsere Ehre und seine Ehre, die des ältesten Bruders.

Evrim ist kein brutaler Schläger. Er hat nur versucht, etwas mit aller Macht wiederherzustellen, das unrettbar verloren ist. Er wird es mit der Zeit einsehen. Aber diese Zeit ist noch nicht gekommen. Darum musste ich weggehen aus Deutschland. Weil er dich ohne Rücksicht auf sich selbst gefährlich verletzen würde, weil er mich verletzen würde, weil es ihm nichts ausmachen würde, dafür ins Gefängnis zu gehen. Weil er noch immer denkt, dass er es für mich und für unsere Familie getan hat.

Wenn jemand einen Fehler begangen hat, dann bin ich es, Rick. Ich bin zu weit gegangen mit dir. Vielleicht das Schlimmste ist, dass ich es wollte. Ich wollte mit dir zusammen sein. Ich liebe dich noch immer, Rick. Nichts bereue ich.

Aber jetzt muss ich handeln. Ich bin geflohen, weil ich für eine Weile verschwinden muss, um eine Katastrophe zu verhindern, der unsere zarte Liebe noch nicht gewachsen wäre. Woher ich das wissen will?

Höre mir einen Moment zu, bitte, nur einen Moment…

Im Hochgebirge des Ararat gibt es ein kleines Dorf, hingestreut auf einen für diese Gegend ungewöhnlich sanft ansteigenden Hang, rund ein Dutzend bewohnte und etwa noch einmal so viele verlassene Häuschen, aus Stein gebaut wie alles in der Gegend. Mauern, Öfen, Wege, alles steinig, hart, unnachgiebig, wie die übrig gebliebenen Bewohner, die dem wenigen, immer wieder von Felsbrocken zerrissenen Boden die für das tägliche Überleben notwendige Nahrung abringen.

Lange Winter gibt es hier, beinah ewig anmutende Kälte und Dunkelheit, ohne jeden Kontakt zum Rest der Welt – und kurze warme Sommer, in denen alles blüht und wächst und in denen vom ersten Sonnenstrahl an die Vorbereitungen für den Winter beginnen müssen. In den wenigen Sommerwochen verändert sich jedoch nicht nur die den Menschen umgebende Natur, sondern auch der Mensch selbst: Nichts hat er hier von einem brutalen Herrscher über die Umwelt, vielmehr demütig sucht er immer wieder aufs Neue, seinen bescheidenen Platz in ihr zu finden.

In den ersten Tagen und Nächten, die die Menschen hier

Sommer nennen – wegen der fehlenden Übergänge existieren meines Wissens keine Wörter für Frühling und Herbst –, brechen die steinigen Panzer der Dorfbewohner auf, die während des Winters zum Überleben nötig waren: Frauen wie Männer kleiden sich bunt, ja ausgelassen mit Bändern, Tüchern und glitzernden Ketten, tagsüber arbeiten sie in den Gärten und auf den winzigen Feldern und scheinen kaum Ruhe oder Schlaf zu benötigen.

Ist der Körper erschöpft, so werden in den Nächten Geist und Seele wach gehalten mit phantastischen Geschichten, manchmal erzählt, manchmal gesungen, die alle in ferner Vergangenheit oder Zukunft spielen, aber niemals in der Gegenwart.

Ihre Hände sind hart von Schwielen, ihre Zungen haben niemals anderes gekostet als das, was der Boden hergab, und nur wenige Augen haben die Welt gesehen, die hinter den nahen Bergspitzen beginnt – und doch: In diesen Sommernächten sprengen ihre sehnsüchtigen Phantasien alle Horizonte und Grenzen. Nicht um Hunger oder Kälte oder Krankheiten geht es in jenen Geschichten, weitergegeben in klaren Nächten voll glänzender Sterne, sondern immer nur um ein Thema: die Liebe und das, was die Menschen in ihren wildesten Träumen dafür halten.

Liebe – das ist in jenem Bergdorf nicht geiler Sex oder frivole Lust am Verbotenen und schon gar nicht Klatsch über Königshäuser oder Prominente. Es ist viel mehr als einfach Sex, jede und jeder kann Prinzessin oder wohlhabender Kaufmann sein – einfach alles scheint möglich. In den Geschichten, die nach dem Erlöschen der Feuer, im Widerschein letzter Glut oder ferner Planeten von dem einen begonnen und von einem anderen aufgenommen und von einer Dritten mit völlig unerwartetem Ende versehen werden, geht es um die ganze Existenz jener Menschen, die mit Liebe in

Berührung kommen – um Entführung und Flucht, um Entjungferung und Rache, um das Zeugen der Kinder, um glückliche und unglückliche Verheiratungen, um das Geborenwerden neuen Lebens, um die Zerstörung und Errettung von Geliebten, um das Sterben und den Tod.

Dies alles aus Liebe, aus erfüllter oder – viel häufiger – unerfüllter Sehnsucht nach ihr, um jene ursprüngliche und unbändige Idee von Liebe, die die Bewohner dieses kleinen Bergdorfes in der Vergangenheit überliefert bekommen haben und mit der allein sie sich eine Zukunft vorstellen können.

In einer jener Sommernächte muss es gewesen sein, dass mein Vater im Beisein von Evrim, der damals nicht älter als fünf oder sechs gewesen sein kann, einem anderen Vater seine nächstgeborene Tochter für dessen erstgeborenen Sohn versprach, in einer Nacht voller Sehnsucht eine Geste, die – angesichts schier unlösbarer Probleme von Hunger und drohender Vertreibung durch das Militär – seinen ungebrochenen Glauben an eine Zukunft bekräftigen sollte. Meine nächste Tochter und dein erstgeborener Sohn – mögen alle ihre Tage so süß wie Honig sein …

Ich habe keinen Zweifel, dass es eine Geste der Liebe war, die den kleinen Evrim an jenem Ritual des Hochzeitsschwurs beeindruckte, die sich in dem Jungen mit anderen starken Ideen zu einem Gemisch verband, das unter anderen Umständen an einem anderen Ort viel Unglück hervorbringen sollte.

Später, Jahre später, als das kleine Bergdorf schon lange dem Erdboden gleichgemacht war, das Militär beide Väter monatelang immer wieder – auch vor den Augen der Frauen und eigenen Kinder – gefoltert hatte und wie durch ein

Wunder einem Teil der Entwurzelten die Flucht ins Ausland geglückt war, da war es Evrim, der von allen Kindern am schlimmsten von Alpträumen verfolgt wurde, immer wieder schreiend aufwachte und noch mit vierzehn nachts einnässte, was er krampfhaft vor uns Jüngeren zu verbergen suchte.

Gesprochen haben sie so gut wie nie mehr über die letzten Wochen daheim, weder Vater noch Mutter noch Evrim. Wir anderen waren zu klein oder noch nicht geboren, um eigene Erinnerungen haben zu können. Und doch empfanden wir – vor allem Avin und ich –, wie fremd sich unsere Eltern und Evrim hier fühlten, fern wie auf einem jener Planeten, die ihnen damals in den Sommernächten geleuchtet hatten.

Und doch leben unsere Eltern, Evrim und alle anderen Entwurzelten weiter – ohne die ewigen Winter und die kurzen rauschhaften Sommer. Sie nehmen Arbeiten an, deren Sinn sie nur selten begreifen. Sie kaufen nutzlose Dinge, die oft nur den Zweck haben, etwas weniger als Fremde aufzufallen. Die Raffiniertesten beginnen selbst, sich mit der unpraktischen Kleidung der neuen Umgebung zu tarnen.

Es dauerte einige Zeit, bis die ersten Kinder geboren wurden in der Fremde. Es glückte nicht allen Paaren, einige blieben unfruchtbar bis ans Ende ihrer Tage. Diejenigen aber, die Kinder geschenkt bekommen, erinnern sich trotz aller oberflächlichen Angepasstheit an ihre alten Geschichten, Mythen und Versprechen. Und das tat schließlich auch Evrim, nicht mehr und nicht weniger.

Das nächstgeborene Mädchen war meine ältere Schwester Avin – der Name bedeutet auf Kurdisch »die Geliebte«. Weil ich als Einzige aus der Familie verstand, dass sie nicht mit einem ihr wildfremden Kerl verheiratet werden mochte, hielt sie seit ihrer Flucht nach London – einen Tag nach ihrem achtzehnten Geburtstag – nur zu mir weiter Kontakt. Das ist gegenwärtig meine Rettung.

Weißt du eigentlich, was mein Name Dilan bedeutet? Dilan heißt »der Tanz«. Namen können so viel Bedeutungen haben. Ich mag meinen Namen, weil ich so gern tanze. Wohl andere Tänze als die, an die Vater und Mutter bei der Geburt dachten, aber doch auch Tänze, wilde, ausgelassene, verrückte. Ich tanze gern aus der Reihe, du weißt.

Du kannst dir vorstellen, dass Evrim auf mich nach Avins Flucht besonders gut aufpasste. So ist es eigentlich beinahe ein Wunder, dass wir uns überhaupt kennen gelernt haben, Rick. Ein wunderschönes Wunder …

Wochenlang hatten Vater und Evrim mir verboten, mit auf die Klassenreise an die Nordsee zu fahren. Eine Woche in Zelten schlafen, achtundzwanzig Jungen und Mädchen im geschlechtsreifen Alter – beinah hatte ich alle Hoffnung aufgegeben, doch noch mitzudürfen. Aber dann bat unser Schulleiter zwei Wochen vor der Abfahrt meine Eltern in die Schule – Vater und Evrim gingen hin, Mutter blieb zu Hause. Dort hörten sie sich freundlich und geduldig an, dass es zwei erwachsene Begleitpersonen geben würde, einen Mann und eine Frau, dass Jungen und Mädchen selbstverständlich getrennt schlafen würden und dass es für meine Integration in die Klasse wichtig wäre, wenn ich mitfahren dürfte. Vater und Evrim schwiegen und schauten ernst.

Dann bot er ihnen Zigarren an. Beide nahmen dankend an und rauchten schweigend. Unser Schulleiter war klug genug, ihnen Zeit zu lassen. Niemand sprach ein Wort, bestimmt zehn Minuten lang. Ich weiß das so genau, weil ich im Nebenraum bei der Sekretärin saß und Schlimmstes fürchtete, weil so lange keinerlei Geräusche mehr von nebenan zu hören waren. Die drei Männer rauchten zusammen und schwiegen. Endlich ergriff Vater das Wort und sagte: »Wenn Sie garantieren, dass kein Junge und kein Mann meine Tochter berühren wird, dann darf sie mitfahren.«

Es war gut, dass unser Schulleiter nicht sofort reagierte. Er schwieg nochmals, zeigte damit, wie sorgfältig er alle Möglichkeiten des Lebens abwog, und streckte schließlich die Hand aus: »Ich gebe Ihnen mein Wort, dass Ihre Tochter unter meinem persönlichen Schutz steht!« Erst reichte ihm Vater die Hand, dann Evrim. Mir ist bis heute nicht klar, ob der Schulleiter weiß, dass sein Wort mehr als Gesetzeskraft besaß mit Verpflichtungen, die weiter gingen, als sich ein hiesiger Richter je vorstellen könnte.

Deshalb bin ich jedenfalls froh, dass weder Vater noch Evrim bis heute wissen, dass wir uns auf dieser Klassenreise kennen lernten – wenn auch erst am letzten Tag. Weil das Wetter so schlecht gewesen war, hatte unsere Klassenlehrerin zum Abschied einen Besuch im geheizten Wellenbad für alle spendiert. Das Wellenbad war eigentlich kein Schwimmbad, sondern so eine Art Freizeitpark mit Solarsonnenwiese, einer Bar und sogar einer kleinen Disko für die Jugendlichen.

Dort sahen wir uns das erste Mal – mit ein paar anderen Mädchen aus meiner Klasse war ich gerade aus dem Duschraum für Frauen gekommen, als du ganz allein vorbeigeschlendert kamst. Iris, die immer eine große Klappe hat, pfiff durch die Zähne und meinte grinsend: »Hallo, Kleiner!« Das war nun wirklich ein Witz, weil du ja beinahe zwei Meter lang bist. Aber es kam einfach eine Wahnsinnsausstrahlung rüber – deine langen blonden Haare, dein schlanker, braun gebrannter Körper und natürlich die Tätowierungen, die du an den Armen und auf der linken Brust hattest. Damals bekam ich gar nicht mit, dass das alles Raubvögel, irgendwelche Adler, waren. Das habe ich ja erst viel später gesehen.

Du hast jedenfalls nur zurückgegrinst und gerufen: »Hallo, Lange!«, wobei Iris, die höchstens einsfünfzig ist, fast in Ohnmacht fiel und wir anderen einen Lachanfall bekamen. Das war's dann eigentlich auch schon. Du hast mich dann zwar noch so komisch angeschaut. Aber ich wusste überhaupt nichts damit anzufangen, blickte schnell weg und lief den anderen hinterher zum Schwimmbecken.

Auch die Radiosendung habe ich eine Woche später verpasst, als wir schon längst wieder daheim waren und Vater und Evrim dem Schulleiter ein Buch über die Geschichte Kurdistans schenkten, weil er Wort gehalten hatte und ich heil und unversehrt zurückgekommen war. Es war wieder Iris, die immer solche Sendungen hört über »verlorene Herzen« oder so ähnlich. Da kann man anrufen und sagen: »Ich habe neulich den oder die gesehen und möchte den oder die gern wieder sehen, meine Telefonnummer ist …« Jedenfalls kam Iris eines Morgens noch vor Unterrichtsbeginn zu mir und steckte mir einen Zettel zu: »Du hast so ein Glück, Dilan – der scharfe Typ aus dem Wellenbad will dich kennen lernen!«

»Mich?«, fragte ich entgeistert zurück. Was war das nun für ein Quatsch – der hatte doch keine Ahnung, wer ich bin! Und außerdem kannte er Vater und Evrim nicht.

»Kein Zweifel – der war da am Telefon und hat gesagt: ›Am letzten Freitag habe ich dich in einer Gruppe anderer Mädchen im Schwimmbad gesehen. Du trugst einen dunkelblauen Badeanzug, hast schwarze lange Haare und die schönsten Augen der Welt! Bitte melde dich bei mir. Ich sehe dich immer vor mir. Ich heiße Rick, bin siebzehn Jahre und meine Telefonnummer ist …‹ Mensch, hast du ein Glück, Dilan. Das ist der absolute Edeltyp!«

»Du spinnst!«, antwortete ich Iris. Niemals hätte ich dich von mir aus angerufen.

Aber ich hatte nicht mit der amourösen Energie von Iris gerechnet – bis heute denke ich auch, dass sie selbst nicht frei von Hoffnungen auf dich war. Ohne mein Wissen rief sie dich jedenfalls an und sagte – immerhin ehrlich –, dass sie nicht das Mädchen mit den langen schwarzen Haaren, sondern die Kurze mit der großen Klappe war, aber dass sie deine Aktion im Radio super gefunden hätte und dem jungen Glück gern auf die Sprünge verhelfen wolle.

Ein paar Tage später holte sie mich von zu Hause ab, angeblich weil ich ihr in Mathe helfen sollte. Sie erregte weder Argwohn bei mir noch bei Vater oder Evrim. Es war nicht das erste Mal, dass ich anderen Mädchen aus der Klasse bei Schularbeiten half. Was ich nicht wusste, war, dass Iris nicht im Traum daran dachte, Mathe zu üben, sondern dass sie ihre sturmfreie Bude – ihre Eltern waren eine Woche bei einer kranken Oma – für unser erstes Treffen zur Verfügung stellte.

Als ich in die Küche kam, mit meinem Matheheft unter dem Arm, in Gedanken bei einem tollen Liebesfilm, den ich am Abend vorher auf Video gesehen hatte, muss ich ein ziemlich dummes Gesicht gemacht haben, als ich dich am Tisch vor einem Glas Cola sitzen sah.

»Ihr kennt euch?«, fragte ich dich und Iris gleichzeitig.

Iris verdrehte die Augen gen Himmel: »Mensch, Dilan, der ist wegen dir hier! Extra mit dem Zug gekommen!«

Und dann ging sie einfach aus der Küche und schloss die Tür hinter sich. Evrim und Vater hätten sie vermutlich erschlagen. Ich schaute nur unsicher und sagte kein Wort.

So haben wir uns kennen gelernt. In der Küche von Iris. Mein Matheheft hielt ich so lange in der Hand, bis es ganz feucht und zerknickt war. Ich wollte weg und wollte auch bleiben. Irgendwann hast du mir vorsichtig das Heft aus der Hand genommen und sanft über meinen Arm gestreichelt, was bis dahin noch nie ein fremder Junge getan hatte. Heiß und kalt lief es mir über den Rücken. Du warst tatsächlich wegen mir gekommen – ein Junge, der immerzu an ein Mädchen denken musste, der von ihr träumte, der gar nicht mehr richtig an seine Arbeit in der Fabrik denken konnte – dieser Junge bist du und das Mädchen bin ich.

Außer dass du meinen Arm gestreichelt hast, ist nichts passiert an diesem Tag. Aber doch ist viel geschehen mit mir. Von diesem Nachmittag in der Küche von Iris an musste auch ich immer an dich denken, sah dich vor mir beim Schlafengehen und Aufwachen und konnte mich kaum noch auf die Schule konzentrieren. So gern hätte ich dich um ein Foto gebeten, aber das war natürlich zu gefährlich. Wie leicht hätte das jemand finden können!

Unser ganzes Leben haben wir uns an diesem einen Nachmittag zu erzählen begonnen. So frei und offen habe ich noch nie mit einem Menschen geredet. Du hast mir erzählt, wie das für einen Jungen ist, wenn er erregt ist, wenn er immerzu daran denkt, ein Mädchen berühren zu wollen, wie es schmerzt, wenn sein Glied hart ist und er keine Befriedigung finden kann.

Ich war nicht schockiert über deine offene Sprache. Auf einer anderen Ebene war ich daheim auch gewöhnt, dass man Dinge beim Namen nennt und nicht so drumherum redet, wie ich das oft bei anderen Familien hierzulande kennen gelernt habe. Nur über Sexualität wurde nie so geredet. Es hätte mir viel mehr Angst gemacht, wenn du auch nur so in Andeutungen gesprochen hättest. Dann hätte ich weniger Vertrauen zu dir gewonnen. So bekam ich das Gefühl, dass du weißt, wie dein Körper auf ein Mädchen reagiert. Das einzige Problem war nur, dass in diesem Fall ich das Mädchen war.

»Ich habe viel Geduld, hab keine Angst!«, sagtest du. »Irgendwann möchte ich mit dir schlafen, Dilan, du bist ein Traum – aber den Zeitpunkt bestimmst du!«

Wir redeten dann noch über tausend andere Dinge. Über unsere Eltern und Großeltern – ein Opa von dir kommt aus Dänemark, das fand ich lustig – und welche Art von Musik wir zum Tanzen am besten finden. Und auf einmal sagte ich zu dir, dass ich Bauchweh habe, weil ich meine Regel habe – und hielt mir auch schon die Hand vor den Mund, weil ich plötzlich ebenso frei wie du gesprochen hatte.

»Dann leg dich doch einfach einen Moment hin und mach den Gürtel deiner Jeans auf!«, meintest du. Und ich legte mich tatsächlich ein paar Minuten auf die Eckbank, die in der Küche stand, und du bliebst ganz artig gegenüber auf dem Stuhl sitzen. Als es mir wieder besser ging, erzählte ich dir noch, wie ich das erste Mal meine Regelblutung bekommen hatte, ganz jung, ich war gerade zwölf geworden, und niemand hatte mir gesagt, was das ist. Als ich erschrocken zu Mutter lief und ihr das Blut in meiner Unterhose zeigte, wurde sie ganz blass und meinte nur: »Lass es noch nicht Vater sehen!« Sie erklärte mir nichts, sagte nur, dass das jetzt immer wieder käme alle paar Wochen, ich aber nicht daran sterben würde. Das war alles. Ganz schön blöd, nicht?

»Ja!«, sagtest du leise. »Und was hast du dann gemacht?«

»Ich habe meine Lehrerin gefragt und die hat mir alles erklärt, auch mit Verhütungsmitteln, alles, obwohl es vom Stundenplan erst ein Jahr später dran war!«

So haben wir geredet, unglaublich. Als es draußen zu dämmern begann, klopfte plötzlich jemand an die Küchentür. Himmel, Iris – die hatten wir beinahe vergessen.

Beim zweiten Mal nahm ich Iris ein großes Eis mit, weil sie uns ja wirklich zusammengebracht hatte und sich tatsächlich keinerlei Eifersucht anmerken ließ. Aber auf der Straße hatte ich einfach zu große Angst, dich zu treffen. Deshalb war es ziemlich gemein von mir, dass ich fast froh war zu hören, dass die Oma von Iris sterbenskrank war und ihre Eltern auch in den nächsten Wochen immer wieder ein paar Tage bei ihr sein würden.

So haben wir uns nun beinahe ein halbes Jahr immer wieder bei Iris getroffen. Bestimmt noch zehnmal in der Küche und erst nach über zwei Monaten im Zimmer von Iris. Niemals wären wir ins Schlafzimmer ihrer Eltern gegangen. Ich wusste irgendwann, dass du der Junge bist, mit dem ich alles lernen kann, was ein Mädchen wissen muss. Dass du jemand bist, auf den ich mich hundertprozentig verlassen kann. Dass ich deinen Körper in Ruhe erkunden, entdecken und verstehen könnte, bevor wir wirklich Liebe miteinander machen würden.

Ich lernte deine empfindlichsten Stellen kennen, dort, wo es dir besonderen Genuss macht, berührt zu werden, und ich lernte jenen Teil des Mannes kennen, über den die meisten Märchen erzählt werden. Du hast so gelacht, als ich einmal flüsternd fragte: »Kann ich ihn anfassen?«

»Keine Angst – er geht nicht so schnell kaputt!«, hast du gesagt und die Augen geschlossen und mich einfach machen lassen. Es war diese unglaubliche Unschuld, die mich tatsächlich Vater und Evrim hat vergessen lassen.

Du und ich – wir hatten fest abgesprochen, dass wir richtig noch nicht miteinander schlafen würden. Und ich wusste, dass ich mich hundertprozentig auf dich verlassen konnte. So war es immer auch wie ein Spielen, manchmal ausgelassen wie junge Hunde, dann wieder ernst wie Kinder vor dem Weihnachtsbaum. In diesen Stunden im Zimmer von Iris vergaß ich auf eine befreiende Weise den Rest der Welt, alles, das ganze Universum.

Bis heute wissen wir nicht, wer Evrim den entscheidenden Tipp gegeben hat. Ich halte es für ausgeschlossen, dass Iris uns verraten hat, auch wenn ich öfter gedacht habe, dass es ihr doch eigentlich langsam auf den Wecker gehen musste, für uns alles zu organisieren, aber selbst immer leer auszugehen. Was natürlich nicht auszuschließen ist, dass sie sich irgendwo verquatscht hat – und so etwas an Evrims Ohr gedrungen ist.

Es ist nun genau drei Tage her, dass wir nackt aneinander gekuschelt uns kurdische Märchen vorlasen, weil du mehr über meine Familie wissen wolltest. An diesem Tag waren wir bei der Geschichte vom mutigen Schmied Kawa angekommen, der den grausamen König tötet, der so viel Kinder schon den Schlangen zum Fraß vorgeworfen hatte, als es an der Wohnungstür läutete. Wir ahnten zunächst nichts, da Iris manchmal Besuch bekam und wir wussten, dass sie daheim war.

Einen Augenblick später jedoch hörte ich schon die laute Stimme von Evrim: »So – Mathe übst du mit Dilan? Wo ist sie? Und wo ist der Kerl, der gewagt hat, sie anzufassen?«

Iris bekam vermutlich überhaupt keinen Ton heraus und starrte nur Evrim hinterher, der rücksichtslos in die Wohnung eindrang und alle Türen aufstieß. Dann knallte er auch schon bei uns herein. Zum Verstecken hatten wir keine Chance.

Als Evrim uns nackt aneinander gekuschelt erblickte, zuckte er wie vom Blitz getroffen zusammen. Er suchte stammelnd nach Worten und stieß dann allein einen Schrei aus, der wie von einem tief verwundeten Tier klang. Jetzt sprangen auch wir auf, wobei ich versuchte, meinen Körper mit der Decke zu verbergen. Du standest Evrim völlig unbekleidet gegenüber. »Wer ist der Verrückte?«, riefst du mir erschrocken zu.

Da hatte Evrim aber auch schon ein Messer gezogen und kam auf dich zu. Seine Augen waren hervorgetreten und noch immer stieß er nur tierische Laute hervor. Mich beachtete er in diesem Moment nicht. Bis jetzt hatte ich nur vor Entsetzen gelähmt der Szene folgen können. Nun begriff ich, dass es hier wirklich um Leben und Tod ging – und ich sah in deinen Augen, dass auch dir dies klar war. Was konnte ich nur tun? Da erspähte ich einen schweren Kerzenleuchter, der am Kopfende von Iris' Bett stand. Ohne weiter nachzudenken, ergriff ich das Ding und schlug es Evrim mit voller Wucht von hinten auf den Kopf. Er sackte, wie von einer Kugel getroffen, nach vorn über und blieb leblos liegen.

»Was soll ich denn bloß machen?«, rief Iris von der Tür her. »Seid ihr denn wahnsinnig geworden? Soll ich die Polizei rufen? Mein Gott, mein Gott«, stammelte sie, »ist er tot?«

Wir knieten zugleich neben Evrim und fühlten seinen Puls und die Beule an seinem Kopf, die gerade anzuschwellen begann. Zum Glück schien der Schädelknochen heil geblieben zu sein. Wir hatten nicht viel Zeit zu verlieren. Evrim konnte jeden Moment wieder zu sich kommen.

Die beiden schauten mich fragend an. »Das ist mein ältester Bruder Evrim«, sagte ich leise.

Dann machtest du den einzig sinnvollen Vorschlag: »Keine Polizei! Wir tragen ihn durch die Garagentür auf den Rasen neben der Einfahrt. Iris, du schaust erst nach, ob die Luft rein ist! Ich rufe dann von einer Telefonzelle aus einen Krankenwagen!«

Schnell streiften wir unsere Kleidung über. Iris lief vor zum Hausflur: »Kommt schnell – niemand zu sehen!«

Du und ich packten Evrim vorsichtig an Schultern und Beinen und trugen ihn über den Hausflur zum Parkhaus. Nicht auszudenken, wenn uns jemand so gesehen hätte. Aber wir hatten Glück. Um keine weitere Zeit zu verlieren, gabst du mir nur einen flüchtigen Kuss und liefst weiter zum Bahnhof, von wo aus du den Krankenwagen anriefst. Iris und ich sahen hinter der Küchenfenstergardine zu, wie Evrim abgeholt wurde.

»Und jetzt?«, fragte mich Iris.

An diesem Abend vertelefonierte ich mein letztes Bargeld, das ich bei mir hatte. Zuerst rief ich Avin in London an und fragte, ob sie mir eine Geldanweisung zum Hauptpostamt telegrafieren könnte. Avin stellte keine langen Fragen. Immer wieder hatte sie gesagt: »Wenn du in Not bist, ruf an!« In größerer Not konnte ich kaum sein.

Avin regelte alles mit größter Umsicht. Sie buchte sogar ein Flugticket für mich, das ich nur noch am Flughafenschalter am nächsten Tag abzuholen brauchte. Meinen Ausweis hatte ich schon seit einiger Zeit, mehr weil ich mich erwachsener damit fühlte denn aus irgendeiner Vorahnung, immer dabei. Diese Nacht ging ich nicht nach Hause, sondern lief bis zum Morgen durch irgendwelche Straßen, die ich noch nie gesehen hatte. Ich wusste, dass die Nacht nicht ausgereicht hätte, um Vater und Mutter alles zu erklären.

Ich bat allein Iris, einen Brief bei meinen Eltern einzustecken, damit sie wüssten, was mit Evrim ist. Außerdem schrieb ich, dass ich zu Avin gehen würde und dass Iris von allem nichts wüsste. Ich log nur einmal, indem ich schrieb, dass wir uns an jenem Tag das erste Mal bei ihr getroffen hätten. Mir fiel nichts Besseres ein, um sie zu schützen. Was ich toll fand, war, dass sie mir nicht ein einziges Mal Vorwürfe machte. »Pass gut auf dich auf, Dilan!«, sagte sie ernst. Wir waren beide in wenigen Stunden erwachsener geworden.

Irgendwann vor Mitternacht rief ich dich an. Du warst sofort am Apparat. »Dilan – wo bist du? Ich habe solche Angst um dich! Wenn dein verrückter Bruder aufwacht, wird er dich umbringen!«

Die ganze Zeit war ich unglaublich ruhig und bedacht gewesen. Jetzt merkte ich plötzlich, wie meine Knie zitterten und meine Stimme zu beben anfing. »Rick – hab keine Angst … ich muss weggehen. Aber ich schreibe dir. Und ich liebe dich. Bitte …«

Mehr bekam ich nicht heraus. Dann musste ich plötzlich schrecklich weinen. Du riefst noch ein paar Mal: »Dilan, Dilan – wo bist du? Ich komme zu dir – sag mir doch, wo du bist!«

Aber es wurde immer schlimmer mit dem Heulen und schließlich hängte ich ein. Ich hatte dir das Wichtigste gesagt. Und alles andere musste ich in Ruhe aufschreiben. Über jedes Wort würde ich gut nachdenken müssen, weil ich wollte, dass du wirklich verstehst, warum ich jetzt nicht anders konnte, als zu Avin zu fliegen.

Als ich in London ankam, war mein Brief an dich fertig. Von Avin habe ich noch am gleichen Tag einen Umschlag und Briefmarken bekommen und den Brief eingesteckt. Sie hat mir verboten, einen Absender zu notieren. Aber ich werde dir wieder schreiben. Und irgendwann sehen wir uns wieder, Rick. Ganz sicher. Du glaubst doch auch daran, ja?

Wandas Wut

Das Dorf, in dem Wanda geboren und aufgewachsen war, galt in vieler Hinsicht als vorbildlich: Es gab keine Armut und auch keinen protzigen Reichtum. Die meisten Menschen lebten in ordentlichen Einfamilienhäusern mit ordentlichen Gärten, deren Wege geharkt waren und in deren Beeten kein Unkraut wucherte. Vor vielen Häusern standen relativ neue Mittelklassewagen, die vom unerwartet gestiegenen Lebensstandard ihrer Besitzer kündeten, die beim Bau ihrer Häuser nicht einmal an eine Garage gedacht hatten.

All dies verdankte das Dorf im Wesentlichen einer nahe gelegenen Elektrofirma, die rechtzeitig auf Computer umgestellt und sich dabei zufällig auch noch für jenen Konzern entschieden hatte, der später einmal einer der Marktführer werden sollte. Die beiden Bauernhöfe, die früher über Wohl und Wehe des Dorfes entschieden hatten und bei denen viele Menschen Brot und Arbeit gefunden hatten, waren dagegen vom Überlebenskampf gezeichnet. Alle Versuche, mit neuesten Chemikalien noch mehr aus dem geschundenen Boden zu holen, waren endgültig zum Fiasko geworden, als die Marktpreise plötzlich dermaßen zu purzeln begannen, dass endlich errungene Überschüsse gar vernichtet werden mussten. Anders als bei den gut erhaltenen Einfamilienhäusern, in deren Vorgärten bunte Blumenkübel gar von einer für hiesige Verhältnisse gewissen Extravaganz zeugten, blätterte an den Scheunen beider Höfe die Farbe und einige Zäune wiesen notdürftig geflickte Löcher auf.

Wandas Familie gehörte zu jenen in den Einfamilienhäusern. Ihre Eltern hatten als Jugendliche nach der Schule noch auf einem der beiden Höfe zu arbeiten begonnen. Dort hatten sie sich kennen gelernt und in ihrem ersten gemeinsamen Sommer in einem kleinen Waldstück hinter einer Scheune das erste Mal miteinander »Liebe gemacht«, wie die Mutter Wanda einmal in einem vertraulichen Gespräch berichtet hatte. Das war, als Wanda noch über alles mit Mutter sprechen konnte.

Die »Liebe« hatte offensichtlich so viel Spaß gemacht, dass sie sich ab dann regelmäßig in dem kleinen Waldstück trafen. Von Heirat war keine Rede, beide waren gerade achtzehn Jahre alt. Für Wanda hatte dieser bewaldete Ort hinter der Scheune immer eine besondere Bedeutung: Sie wusste, dass ihre Eltern sie dort »gemacht« hatten. Denn im Herbst merkte Wandas Mutter, dass sie schwanger war, obwohl beide überzeugt waren, aufgepasst zu haben. Aber offensichtlich nicht gut genug, denn dass sich der Arzt in der entfernten Großstadt, in die Wandas Oma extra mit ihrer Mutter gefahren war, damit im Dorf niemand etwas mitbekommen sollte, nicht geirrt hatte, wurde bald darauf durch die frühzeitig zunehmende Leibesfülle von Wandas Mutter unübersehbar.

Zwei Monate vor Wandas Geburt heirateten ihre Eltern, blutjung und unerfahren, gerade mal drei Jahre älter als Wanda heute. Die ersten zehn Jahre ihrer Ehe und in Wandas Leben gab es entsprechend viel Streit, Eifersuchtsszenen bis hin zu Prügeleien und verbissene Alltagskämpfe wegen Geldsorgen und anderer Verpflichtungen. All dies eskalierte mit der Kündigung von Wandas Vater als Arbeiter auf einem der beiden Höfe in einer kurzfristigen Scheidungsvorbereitung. Zwei Kündigungswellen hatte der Vater schon überstanden, als es ihn schließlich doch noch erwischte.

Was sich als Katastrophe für die kleine Familie anließ – Wandas Eltern hatten seit ihren Sexabenteuern im Wald in der Tat gut aufgepasst und keine weiteren Kinder gewollt und auch nicht bekommen –, entpuppte sich wenig später als eine Art Segen: Der Computermarkt hatte über Nacht zu expandieren begonnen und unter dem Druck, schnell neue Arbeitskräfte zu bekommen, finanzierte die ehemalige Elektrofirma Wandas Vater eine einjährige Umschulung. Danach erhielt er das dreifache Gehalt dessen, was er früher als Landarbeiter an Lohn verdient hatte, und begann ebenfalls den Bau eines ordentlichen Einfamilienhauses zu planen, für das eine mehrfach im Dorf tätig gewordene Baufirma inzwischen besonders günstige Kredite anbot.

Dies war der Prolog. Erst jetzt beginnt nämlich Wandas eigentliche Geschichte.

Sie fängt damit an, dass Wanda die ordentlichen Häuser mit ihren ordentlichen Gärten und ihren noch ordentlicheren Bewohnern zum Kotzen langweilig findet. Seit sie begonnen hat, selbstständig zu denken, fällt ihr auf, wie wenig Leben im Dorf ist, wie eingefahren der Rhythmus der Wochentage ist, bei denen auch die Wochenenden keine Abwechslung bieten, eher noch eine Verschärfung der Langeweile, zusätzlich gewürzt durch die Kontrolle neugieriger Nachbarn, die – zumeist vergeblich – auf Skandale hoffen.

Außer ihr gibt es gerade noch sechs andere Jugendliche in ihrem Alter: davon drei Mädchen und ein Junge, die sich schon jetzt spießiger als ihre Eltern kleiden, die am Samstagabend lieber daheim die Schwachsinnsprogramme im Fernsehen anschauen, anstatt in eine der Diskos in der nahen Kreisstadt mitzukommen, und die seit einiger Zeit sowieso tun, als würden sie Wanda nicht besonders gut kennen, obwohl sie hier natürlich alle gemeinsam groß geworden sind. Erwähnenswert sind dagegen Ramona und Jan. Obwohl Wanda nicht behaupten kann, schon immer mit ihnen befreundet gewesen zu sein, empfand sie beiden gegenüber doch immer eine gewisse Achtung.

Ramona ist vor über einem Jahr von der Schule geflogen, weil sie in einer Pause beim Handel mit Drogen erwischt worden war. Einmal erschien sogar die Polizei bei ihren Eltern, angeblich um eine Hausdurchsuchung durchzuführen. Jedenfalls standen in nur fünfzehn Minuten fast alle anwesenden Dorfbewohner vor dem Zaun ihres Hauses, gafften ganz ungeniert, erzählten sich – nur mühsam im Zaum gehalten durch vorgetäuschte moralische Entrüstung – voller Begeisterung immer neue Horrorgeschichten aus der »Drogenszene«, wie sie das bis dahin in nichts von anderen abweichende ordentliche Haus von Ramonas Familie etikettierten, und übertrumpften sich geradezu gegenseitig im Fachwissen über die Welt der Drogen, Dealer und deren internationale Verbindungen, die nun wohl bis ins eigene Dorf reichten.

Nur drei Wochen nachdem die Polizei zu Besuch gewesen war, zog Ramona aus dem Dorf weg. Ihre Eltern hatten ihr ein Zimmer in der Kreisstadt gemietet, wo sie weiter zur Schule ging, während im Dorf noch monatelang Gerüchte kursierten, nach denen Ramona nicht nur aus einer Klinik für schweren Drogenentzug geflohen war, sondern sich inzwischen an mehreren Autobahnraststätten als Prostituierte anbieten würde. Wanda tut es bis heute Leid, dass sie Ramona nicht mehr hat sprechen können, bevor sie wegging. Ihre neue Anschrift verweigerten ihr Ramonas Eltern, was Wanda angesichts des vorherrschenden Dorfklimas nachvollziehbar erschien.

Zum Glück für Wanda gibt es noch Jan im Dorf. Ob auch

zum Glück für Jan, bleibt die Frage. Mehr als einmal schon hat er zu Wanda gesagt: »Wenn die Schule zu Ende ist, haue ich ab aus diesem Kuhkaff!« Dabei brachte Jan alle Eigenschaften mit, die sich so Prototypschwiegermütter nur wünschen können: Er sieht gut aus, war bis zu dem Vorfall im regionalen Schwimmverein ein anerkannter Turmspringer und kam selbst in der Schule ganz gut mit. Kurz vor seinem siebzehnten Geburtstag war er dann vom Trainer jenes drittklassigen Schwimmvereins zusammen mit einem etwa gleichaltrigen Jungen aus dem Nachbardorf im Umkleideraum beim Sex erwischt worden.

Das hätte vielleicht noch locker vertuscht oder als vorübergehende Aktivität von Jungen, die eben derzeit keine festen Freundinnen hatten, abgetan werden können. Jan selbst tat jedoch alles, um diesen Ausweg, der sein Leben zumindest im Dorf hätte angenehmer verlaufen lassen können, zu verstellen. Auch über diesen Vorfall waren innerhalb von vierundzwanzig Stunden alle Dorfbewohner im Detail informiert. Aber im Unterschied zu allem, was über Ramona erdichtet worden war, bestätigte Jan später den groben Ablauf der Ereignisse: Nachdem die beiden Jungen nackt und bei vollem Treiben miteinander erwischt worden waren, behauptete der andere Junge plötzlich, dass Jan ihn verführt habe und dass er eigentlich gar keine Lust zu »solchem Sex mit Schwulen« gehabt habe.

Daraufhin hatte Jan ihm eine geklatscht und ihn einen Feigling genannt, der jetzt nur aus Schiss nicht dazu stehen wolle, dass er genauso gern zugestimmt habe, als sie sich nach dem Training verabredet hatten. Der andere Junge schrie nun erst recht los und bezichtigte Jan als »schwule Sau«, der dauernd irgendwelche Sportkameraden belästigen würde. Als der Trainer daraufhin Jan in Schutz nehmen wollte, sagte dieser den wenig später wohl meistzitierten

Satz in der Geschichte des Dorfes: »Lassen Sie mal – ich bin tatsächlich schwul, aber der ist ein Feigling!«

Dass er noch hinzugefügt hatte »... und ich habe es nicht nötig, irgendjemanden zu irgendetwas zu verführen!«, war leider nicht mit überliefert worden, sondern geriet vielmehr unter die Räder jenes Schwulenklischees, das fortan neunundneunzig Prozent der Dorfbewohner ungebremst aufleben ließen: Homosexuelle als Verführer von kleinen Jungen, wobei in diesem konkreten Fall der andere Junge weder klein noch verführt worden war. Aber es half nichts. Jan zu meiden gehörte von nun an zum guten Ton. Er wurde aus dem Schwimmverein ausgeschlossen und selbst einer der älteren Brüder von Jan beteiligte sich an den gemeinen Sprüchen, indem er anfing zu behaupten, dass Jan schon immer anders gewesen sei und auch ihn früher belästigt habe – was jedoch angesichts der bereits bekannten Angeberei dieses Bruders nicht von allen gleichermaßen geglaubt wurde.

Es war Wandas erster sichtbarer Protest gegen die Normen des Dorfes, dass sie sich weiter mit Jan traf – und dies keineswegs heimlich tat.

»Wieso gibst du dich bloß so viel mit dem Schwulen ab, Wanda?«, fragte sie einmal eine der drei oberlangweiligen gleichaltrigen Mädchen im morgendlichen Schulbus.

»Wieso denn nicht?«, fragte Wanda arglos und noch ein wenig verschlafen zurück. »Na, weil das doch sowieso nichts bringt!«, bekam sie zur Antwort.

Du sexloses Ungeheuer hast es nötig, dachte Wanda wütend und traurig zugleich, denn sie konnte ihre Gefühle noch nicht so ausdrücken, wie sie es wollte, und starrte deshalb nur finster vor sich hin. Aber das Schlimmste stand ja auch erst noch bevor.

Der Herbst hatte dieses Jahr früher eingesetzt als sonst. Schon ab Mitte September goss es häufig in Strömen und dazu peitschte ein kalter Sturm, wie er gewöhnlich selten vor Oktober oder November auftritt. Das Schlimmste kam unerwartet, ja, es kam dermaßen aus heiterem Himmel, dass man sagen könnte, es kam geradezu freundlich.

Wandas Eltern waren trotz ihrer triebhaften Anfänge im Waldstück hinter der Scheune keineswegs sexuell freizügige Menschen. Sie hatten ihre einzige Tochter nie besonders aufgeklärt. Doch obwohl sie eigentlich nie über »solche Dinge« sprachen – selbst den in der Tat ersten wilden Sex hatte Wandas Mutter sprachlich zu »Liebe machen« verklärt –, wuchs Wanda durchaus nicht in gefühlsarmer Umgebung auf. Und sei es, dass die vielen Streitereien aus den ersten Jahren ihrer Ehe sie lebendig gehalten hatten – so wie sich Wandas Eltern bis hin zu Handgreiflichkeiten streiten konnten, so waren sie auch ohne Hemmungen in der Lage, sich vor ihrer Tochter wieder in den Arm zu nehmen und zu küssen.

Als Wanda einmal unerwartet während eines freien Tages des Vaters eher aus der Schule gekommen war und beide versehentlich beim Liebesspiel in der Küche überrascht hatte, reagierten die Eltern eigentlich ganz locker, wie Wanda später fand, die sich inzwischen über entsprechende Mädchenzeitungen selbst aufgeklärt hatte. Lediglich der groß aufgerichtete Penis ihres Vaters, den sie so noch nie gesehen hatte, blieb ihr nachdrücklich in Erinnerung.

Wobei dieses Erlebnis keinerlei Ängste auslöste als vielmehr tiefes Erstaunen über die ungeahnt schnellen Wachstums- und Schrumpfungsmöglichkeiten dieses Organs, über die sie bislang ausschließlich durch zwei mehrfarbig gezeichnete Abbildungen aus einem medizinischen Lexikon informiert war, ohne einen Zusammenhang zu lebenden Männern, geschweige denn ihrem eigenen Vater, herstellen zu können.

Auch Wanda selbst hätte sich nicht als sexuell verklemmt bezeichnet mit ihren sechzehn Jahren, selbst wenn ihr bis auf einige Selbstversuche bislang so gut wie jede praktische Erfahrung fehlte. Fünfmal hatte sie bereits auf Briefkontaktwünsche von Jungen in den genannten Mädchenzeitungen geschrieben. Jedoch nur einer hatte geantwortet und wenigstens ihr beigefügtes Foto »mit Dank« zurückgesandt. Die anderen vier hatten nicht einmal dies getan trotz entsprechenden Hinweises – »garantiert zurück!« – in ihren Anzeigen. Wanda schob das Desinteresse an ihrer Person einzig auf ihren dörflichen Absender, der zweifellos alle fünf Jungen – vier kamen aus Großstädten, einer aus einer Kreisstadt – abgeschreckt hatte. Wenn Jan nicht gewesen wäre, der sie darin bestätigte, dass sie für eine Sechzehnjährige wirklich total tolle Brüste hatte und auch sonst ein klasse Mädchen war, hätte es leicht zu einer Krise kommen können. Da Jan auch sonst einen guten Geschmack hatte, vertraute sie ihm eben auch in dieser Frage, ja sprach ihm sogar eine besondere Objektivität zu, die andere Jungen, die »immer nur das eine wollten«, wie Wandas Mutter es gern ausdrückte, möglicherweise in viel minderem Maße besaßen.

Und dann kam das bisher Schlimmste in Wandas Leben. Es kam in jenem frühen kalten Herbst und geschah in der Nacht nach Vaters Geburtstagsfeier, jenem Geburtstag, zu dem selbst Onkel Heinz aus der weiten Welt in das kleine Dorf gekommen war.

Onkel Heinz, der als jüngster Bruder des Vaters natürlich zur Familie gehörte und Wanda doch anfänglich wie ein Fremder erschien, tauchte in jenem kalten September das erste Mal seit Jahren wieder auf. Er hatte das Dorf mit achtzehn Jahren verlassen – Wanda kam damals gerade in die

Schule –, war einige Jahre zur See gefahren, hatte in England eine dänische Frau geheiratet, war mit ihr nach Kopenhagen gezogen und hatte dort mit ihr zwei Kinder gezeugt. Vor zwei oder drei Jahren hatte er Frau und Kinder verlassen und wieder auf einem Schiff – diesmal Richtung Kanada – angeheuert. Das war das Letzte, was die Familie hier von ihm gehört hatte. Eigentlich waren die meisten Familienmitglieder, darunter auch Wandas Vater, nur zu gern bereit, es auch dabei zu belassen und ihn zu vergessen. Doch nur eine Woche vor Vaters Geburtstag war eine Karte aus Hamburg gekommen, dass Heinz wieder in Deutschland sei und gern zum Geburtstag des älteren Bruders vorbeischauen würde. Eine Möglichkeit abzusagen gab es nicht, da Onkel Heinz keinen Absender hinterlassen hatte.

Als er in der Tür stand – braun gebrannt, mit wilden blonden Locken und viel jünger, als Wanda sich einen Onkel vorgestellt hatte –, fühlte sie spontan einiges an Sympathie für den gut aussehenden Ausreißer, der es immerhin geschafft hatte, dem langweiligen Dorf den Rücken zu kehren. Auch wenn Wanda mit ihren Eltern einer Meinung war, dass das Verlassen von Frau und kleinen Kindern unverantwortlich war, hatte sie sich doch entschieden, dem interessanten Onkel zumindest eine Chance zu geben. Bereits nach dem Kaffeetrinken hing sie nur noch an seinen Lippen und lauschte seinen Erzählungen aus allen möglichen Ländern, denen die übrigen Erwachsenen deutlich distanzierter folgten. Nach dem Abendessen hatte sie ihm alle vorstellbaren Sünden vergeben und war davon überzeugt, dass die dänische Frau ein unausstehlicher Drachen sein musste.

Auch der Rest der Familie schien allmählich den verloren geglaubten – und inzwischen auch verloren gehofften – Sohn und Bruder wieder aufzunehmen in ihren Kreis. Spät am Abend tranken Wandas Vater und Onkel Heinz sogar einen

Versöhnungsschnaps und dann noch einen und noch einen, bis beide deutliche Anzeichen von Trunkenheit nicht mehr verbergen konnten. Als Wanda zum Schlafen in ihr kleines Zimmer hochging, lallte ihr Vater bereits, während Onkel Heinz immerhin noch aufrecht stand. Sie selbst hatte nur zwei Gläser Sekt getrunken und doch rauschte ihr Kopf von all den unglaublichen Geschichten, die sie an diesem Abend gehört hatte. Erst nach einer ganzen Weile fiel sie endlich in einen unruhigen Schlaf, während sie aus großer Ferne weiter die lauten Stimmen der Geburtstagsgäste hörte.

Wie lange sie geschlafen haben mochte, wusste Wanda hinterher nicht mehr mit Sicherheit zu sagen. Zuletzt hatte sie von irgendeiner Verfolgungsjagd in Kanada geträumt, erst in Autos, dann in schrecklich schlingernden Flugzeugen, die in dem Moment abzustürzen drohten, als sie mit einem leisen Aufschrei wach wurde. Sie spürte noch, wie die Anschnallgurte des Flugzeugs ihren Bauch einschnürten. Als sie schlaftrunken und noch benommen von dem verwirrenden Traum die Gurte mit der Hand abstreifen wollte, stieß ihre Hand auf einen besonders dicken Gurt, der auf ihrem Bauch lag und sich bei näherem Anfühlen als männlicher Arm entpuppte. Erschrocken schlug sie die Augen auf und sah direkt in das Gesicht von Onkel Heinz, der sich neben sie gelegt hatte und sie ebenfalls anschaute. Es drang genug Mondlicht ins dunkle Zimmer, sodass sie ihn genau erkennen konnte.

»Hab keine Angst, Wanda!«, flüsterte er ihr mit heißem Atem ins Ohr.

Mit einem Schlag war Wanda bei sich und erfasste die Situation: Vaters jüngster Bruder hatte sich, nach dem Ende der Feier und als alle anderen gegangen und die Eltern sich schlafen gelegt hatten, zu ihr ins Zimmer geschlichen. Er begann nun bereits mit seinen kräftigen behaarten Beinen ihre

Schenkel auseinander zu drücken, um in sie eindringen zu können.

»Hau ab, sonst schreie ich das Haus zusammen!«, stieß Wanda hervor. Doch der Kerl, der sie den Abend über mit seinen spannenden Erzählungen und seinem Abenteurercharme beeindruckt hatte, schien nun jede Beherrschung verloren zu haben. Brutal presste er ihr eine Hand auf den Mund und riss ihr mit der anderen das Oberteil ihres Pyjamas herunter. Wanda war klar, dass sie jetzt kämpfen musste.

Sie trat mit den Beinen und versuchte mit den Fingern ihrer freien rechten Hand nach seinen Augen zu stechen. Er war jedoch einfach um vieles stärker. Wanda begann unter dem Gewicht seines schweren Körpers zu keuchen. Dieser brutale Typ war kein Anfänger, der hatte sicher schon andere Mädchen oder Frauen vergewaltigt, schoss es Wanda in Panik durch den Kopf. Dann drückte der Mann, der nichts mehr mit jenem Onkel Heinz gemein zu haben schien, ihr den Hals so lange zusammen, bis es Wanda schwarz vor Augen wurde und sie schließlich in ein tiefes, dunkles Loch abstürzte, gegen das der geträumte Flugzeugabsturz in Kanada ein Kinderspiel gewesen war.

Als Wanda erneut zu sich kam, war sie allein und kein einziges Geräusch im ganzen Haus zu hören. Wanda spürte Schmerzen im Hals. Sie schluckte, aber die Schmerzen nahmen zu, weiteten sich aus über ihren ganzen Körper, um schließlich ein Zentrum in ihrem Unterleib zu finden. Vorsichtig betastete Wanda ihre Schenkel bis hinauf zur Vagina. Ihre Haut fühlte sich wund und roh an. Sie glaubte, alles sei voller Blut, aber es war nur ganz wenig Blut, das bereits getrocknet war.

Mühsam erhob sie sich und wankte zur Zimmertür, die nur angelehnt war. Vorsichtig öffnete sie den Spalt und schaute hinaus auf den Flur. Die Tür zum Gästezimmer stand weit auf. Zum Elternschlafzimmer waren es nur wenige Schritte. Schnell huschte sie hinüber und dann stand sie – nackt wie sie war – vor ihren Eltern, die schlaftrunken eine Nachttischlampe anschalteten und voller Entsetzen zu ihrer Tochter aufschauten, die in ihrer linken Hand allein die Reste ihres zerrissenen Pyjamas hielt.

»Onkel Heinz«, sagte Wanda leise und dann warf sie sich neben der Mutter aufs Bett. Während die Mutter ihre bebende Tochter in den Arm nahm und erst allmählich die gesamte Tragweite dessen begriff, was geschehen war, hatte der Vater bereits das Bett verlassen und war zum Gästezimmer gelaufen. Einen Moment später war er wieder bei seiner Frau und seiner Tochter.

»Der Lump ist weg!«, rief er mit vor Wut sich überschlagender Stimme. »Voll und ganz verschwunden! Auch sein Auto steht nicht mehr neben der Einfahrt...«

Was jetzt kommt, ist nur noch der Epilog.

Natürlich war Wandas Vater erst genauso wütend und entsetzt wie Wandas Mutter und Wanda selbst. Er drohte damit, diesen Schurken, der sein Vertrauen und seine Tochter missbraucht hatte und der sein Bruder nicht mehr war, eigenhändig umzubringen, wenn er ihn je in die Finger bekommen würde, zerhacken wollte er ihn, nein, zuerst auspeitschen, dann zerhacken und schließlich ohne Beerdigung in einen Müllcontainer werfen.

Je näher jedoch der Morgen kam, umso nüchterner begannen die Eltern das Problem zu betrachten. Außer ihnen und dem elenden Bruder wusste ja bis jetzt niemand etwas über den Vorfall. Was aber würde geschehen, wenn das Dorf erführe, was sich hier abgespielt hatte? Mutter war die Erste, die diesen Gedanken äußerte, und das Entsetzen, das ihr dabei ins Gesicht geschrieben stand, war nicht kleiner als das im Angesicht ihrer vergewaltigten Tochter.

»Aber wir müssen ihn doch anzeigen«, wagte Wanda mit noch immer schluchzender Stimme einzuwenden. »Er kann doch sonst noch viele andere Mädchen oder Frauen so quälen wie mich …«

Als es schließlich hell wurde, hatten die Eltern Wanda so weit, dass sie zustimmte, vorerst mit niemandem über die schlimme Nacht zu reden. Sie brauchte natürlich vorerst nicht zur Schule. Mutter und Vater fuhren am nächsten Tag mit ihr zu einem Frauenarzt – dieses Mal sogar über siebzig Kilometer in die weiter weg gelegene Großstadt –, um sie dort gründlich untersuchen zu lassen. Zum Glück schien sie keine ernsthaften körperlichen Verletzungen davongetragen zu haben. Für die Schule schrieb Mutter eine Entschuldigung, nach der sie auf der Treppe gestürzt sei und deshalb einige Prellungen und Hautabschürfungen abbekommen habe. Als einige Zeit später der Arzt wissen ließ, dass Wanda weder HIV-infiziert noch schwanger sei, war eine große Erleichterung in den Gesichtern von Vater und Mutter zu lesen.

Anders bei Wanda. Natürlich war auch sie froh, nicht schwanger oder von Aids bedroht zu sein. Trotzdem fühlte sie sich auf eine beinah unvorstellbare Weise verraten. All die kleinen ordentlichen Einfamilienhäuser gerieten vor ihren Augen zu Folterkammern und Gruselkabinetten. Am Abend, als ihre Eltern ihr von der Entwarnung des Arztes berichtet hatten, ging sie zu deren großem Unverständnis in den Vorgarten und zertrümmerte dort mit einem Vorschlaghammer den vor allem von Mutter über alle Jahreszeiten hinweg liebevoll gepflegten Blumenkübel, ohne dass jemand einschritt.

Mit den an sich erfreulichen ärztlichen Attesten war der letzte Anlass, der vielleicht die Familie zum Handeln hätte zwingen müssen, aus der Welt. Ab nun war es nur noch ihr eigenes Problem. Wandas Wut war maßlos. Sie war so groß, dass sie lange Zeit wie ein riesiger lähmender Felsstein auf ihr lag und sie tatsächlich verstummen ließ.

Erst mehr als fünf Jahre später, als sie schon beide in einer großen Stadt lebten und ein selbstständiges Leben mit neuen Hoffnungen und neuen Einsamkeiten begonnen hatten, konnte sie Jan, mit dem sie weiter befreundet geblieben war und mit dem sie sich bewusst an diesem Abend verabredet hatte, alles erzählen.

Marys Mutter

Es geschah vor genau einem Jahr. In weniger als vierundzwanzig Stunden veränderte sich alles in Marys Leben.

Nicht, dass sie bis dahin nur naiv vor sich hingelebt hätte, das wirklich nicht. Besonders die Scheidung ihrer Eltern machte ihr nach wie vor ziemlich zu schaffen. Ihr war klar, dass sie ihren Vater, der nach der Trennung zurück nach England gegangen war, absolut idealisierte – in ihrer Erinnerung war er immer freundlich und geduldig gewesen, ganz anders als ihre Mutter.

Und dass er nun wirklich gut aussah, bewiesen immerhin die wenigen Fotos, die sie wie einen Schatz bewahrte: ein großer schlanker Mann mit nach hinten gekämmten, glatten blonden Haaren, einem sanften Gesichtsausdruck und einer Brille mit dünnem Goldrand auf einer ziemlich langen Nase.

Als sie Pit kennen gelernt hatte, musste sie sich eingestehen, dass ein Großteil seiner Faszination auf sie in seiner Ähnlichkeit mit Vater bestand, zugegeben eine nur teilweise äußere Ähnlichkeit: Auch er war schlank und hoch gewachsen und hatte eine lange Nase. Seine blonden Haare trug er jedoch in wirren Strähnen, die ihm in Rastafarimanier zum Teil bis auf die Schultern hingen und auch sonst hatte er wenig von einem britischen Gentleman. Durch Ohr und Nase hatte er sich silberne Ringe stechen lassen und sogar in seine linke Brustwarze hatte er sich so ein Ding gehängt.

Wenn man es streng betrachtete, blieb nicht so viel über an Ähnlichkeiten mit Marys Vater. Und doch war da etwas.

Einmal hatten Pit und Mary gemeinsam Passfotos in einem billigen Automaten am Bahnhof machen lassen, wobei es Mary gelungen war Pit eines der eigentlich für den Motorrad-Führerschein bestimmten Lichtbilder abzuluchsen. Zu Hause retuschierte und kritzelte sie so lange an dem kleinen Foto herum, bis Pits Haare auf Kragenlänge gekürzt waren und seine Nase eine dünne Goldbrille zierte. Allein die Ringe in Ohr und Nasenloch bekam sie nicht weg. Doch was sie geschaffen hatte, stimmte sie zufrieden: Pits Ähnlichkeit mit ihrem Vater – worüber sie übrigens mit keinem Wort zu ihm sprach – genügte ihr fürs Erste. Außerdem, fand sie, war schließlich nicht auszuschließen, dass auch Vater in seiner Jugend eine punkige Phase in London gehabt hatte.

Besonders in seinem Verhalten ließ Pit keinen Zweifel daran aufkommen, dass britische Zurückhaltung nicht seine hervorstechende Eigenschaft war. Pit und Mary waren noch keine zwei Wochen zusammen, als er ihr unmissverständlich zu verstehen gab, dass er gern geilen Sex mit ihr haben wolle. Er fasste sie auf unverschämte Weise ohne Vorwarnung zwischen die Beine, was Mary gleichermaßen schockierte wie neugierig machte. Denn gleichzeitig blieb etwas Spielerisches in seinem Verhalten. Sobald sie ihn stoppte, gab er nach, zog die Hand zurück, drängte nicht weiter, lachte jedoch so offenherzig und jungenhaft, dass einem ganz warm ums Herz werden konnte.

Als Mary einmal fragte, warum er sich den Ring in die Brust hatte machen lassen, lachte er auf genau diese Art und fragte fröhlich: »Willst du es wirklich wissen?«

Mary bekam einen Schreck und sagte: »Nein, ist mir doch egal!«

Aber es war deutlich, dass es ihr nicht egal war, dass ihre Neugierde angestachelt war und dass es nur eine Frage der Zeit war, bis sie es wirklich wissen wollte.

Marys Mutter war über den neuen Typ im Leben ihrer Tochter alles andere als begeistert. »Wie sieht der denn aus?«, meinte sie unfreundlich, nachdem sie die beiden einmal zufällig in der Ladenstraße getroffen hatte. Nach all dem Ärger, den Mutter und Tochter sowieso schon hatten, war Mary ohnehin die Lust vergangen, ihr überhaupt noch irgendwelche Freunde vorzustellen. Ihre Ablehnung Pit gegenüber passte in dieses Schema. Allerdings war Mary sicher, dass auch ihre Mutter Pits Ähnlichkeiten mit Vater nicht übersehen haben konnte, wenngleich das bei ihr wohl fraglos andere Assoziationen auslöste.

Immer wieder ging es im Kern zwischen den beiden darum: Mary verzieh ihrer Mutter nicht, dass sie den geliebten Vater mit ständigen Nörgeleien aus dem Haus getrieben hatte. Die Mutter verzieh Mary umgekehrt nicht, dass ihre Tochter regelmäßig auf die Unvollständigkeit ihrer kleinen Familie hinwies und nicht müde wurde, von konstruierten Situationen zu reden, in denen ein Mann angeblich hätte hilfreich sein können – bei Reparaturen im Haushalt, bei Behördengängen oder beim Kauf eines Computers zum Beispiel. Und natürlich nicht irgendein Mann, sondern Marys Vater, der beste aller Väter.

»Ja, ein Mann vielleicht!«, schoss ihre in die Enge getriebene Mutter einmal ironisch zurück. »Ein Mann – aber nicht ein gutmütiger Trottel wie dein Vater!« Dann sprachen sie zwei oder drei Tage kein Wort miteinander. Bei einer anderen Gelegenheit dauerte der verbale Boykott gar zwei Wochen.

Vor diesem Hintergrund schien es auch Marys Mutter ratsamer, kleinere Affären, die sie ab und zu hatte – mal mit einem Kollegen aus einer anderen Abteilung ihrer Firma, mal mit einem verwitweten Nachbarn –, vor Mary geheim zu halten. Kein Mann würde dem Vergleich mit dem idealisierten Vater standhalten können – und Marys Mutter war gleichwohl nicht bereit, auf diese kleinen Glücksmomente im Leben einer geschiedenen Frau zu verzichten. Einzige Bedingung beim Kennenlernen neuer Bekanntschaften war, dass sie absolut diskret sein und ihre jeweiligen Liebhaber eine eigene Wohnung zum Treffen haben mussten.

Vielleicht hätte dieses Arrangement von gegenseitigen Geheimnissen und Nörgeleien noch hundert Jahre gehalten, wenn es nicht jenen Montagabend gegeben hätte, der das Fundament ihrer Beziehung dermaßen erschütterte, dass danach nichts mehr war wie vorher.

Viele Katastrophen beginnen harmlos. Mary war eine halbe Stunde zuvor mit Pit aufgebrochen, um am Billigtag zu irgendeinem der von ihm geliebten Brutalofilme ins Kino zu gehen. Unterwegs hatte sie jedoch bemerkt, dass sie gar kein Geld mitgenommen hatte und auch Pit nicht genug für beide mithatte. Sie war deshalb allein umgekehrt, um eben ihr Portmonee zu holen. Pit würde in jedem Fall im Kino einen Platz für sie freihalten.

Als Mary von zu Hause weggegangen war, hatte Mutter sich gerade vor den Fernseher gesetzt und die zweihundertachtzigste Folge einer Krimiserie eingeschaltet, die sie sich regelmäßig montags ansah. Deshalb fiel Mary zunächst auch nichts auf, als sie die Wohnungstür aufschloss und über den Flur in ihr Zimmer eilte, um in ihrer anderen Jeans nach dem Geld zu suchen. Die Tür zum Wohnzimmer war angelehnt.

Durch den Spalt flimmerten irgendwelche Fernsehbilder und drang leises Stimmengebrabbel. Erst als Mary fast schon wieder aus der Wohnung gehuscht war, überkam sie ein komisches Gefühl. Sie lief zurück zur Wohnzimmertür und stieß sie auf, um Mutter eben zuzurufen, dass sie nur ihr Geld vergessen habe und nun schnell zum zweiten Mal aufbrechen würde.

Was sie sah, ließ sie erschrocken innehalten: Im Fernsehen lief zwar tatsächlich jener kriminelle Dauerbrenner, aber Mutter schaute gar nicht zum Bildschirm. Sie lag ausgestreckt auf ihrem Bauch in der Mitte des Zimmers, den Kopf auf die Arme gelegt. War hier ein Unglück geschehen? Oder gar ein Verbrechen?

»Mama?«, rief Mary fragend in den Raum. Als keine Reaktion kam, wiederholte sie den Ruf, nun deutlich lauter als die Stimmen aus dem Fernseher. Wieder keine Antwort. Mutter bewegte sich nicht. Oder doch?

Jetzt erst bemerkte Mary, dass Mutters Rücken leicht auf- und abbebte, wie ein starkes Zittern, aber doch beherrscht und niedergedrückt. Mutter weinte. Sie weinte so sehr, dass sie noch immer nicht ihre Tochter wahrgenommen hatte.

Erst als Mary neben ihr niederkniete und ihr in ungewohnter Sanftheit über den Rücken strich, zuckte sie leicht zusammen und hob vorsichtig den Kopf. Als sie durch ihre feuchten Augen ihre Tochter erkannte, schluchzte sie erneut auf, nun hemmungslos weinend, wobei sie Mary ganz dicht zu sich heranzog.

Alles war so fremd und ungewohnt – was war nur mit Mutter? Nie hatte sie besondere Emotionen gegenüber Mary gezeigt. Selbst die Trennung vom Vater war ohne Schreien und Heulen abgelaufen, beinahe sachlich, den Rest hatte ein Anwalt in gegenseitigem Einvernehmen geregelt. Nun erschien die Mutter wie ein Kind, ein verlassenes, tief verzweifeltes Kind – oder wie eine Erwachsene, deren gesamte Konstruktion von Leben und Existenz soeben zusammengebrochen war. Mutter nahm doch nicht heimlich Drogen – oder war sonst irgendwie verrückt geworden?

Es dauerte noch einmal endlos lange Minuten, in denen Mary hilflos und etwas steif ihre Mutter im Arm hielt. Es fehlte einfach ein herzliches Band zwischen ihnen. Mary tat die Mutter auf diffuse Weise Leid, gleichzeitig war es ihr peinlich, die Mutter sich so gebärden zu sehen. »Was ist denn bloß, Mama?«, fragte sie leise. Ihre Stimme erschien ihr selbst unpersönlich und wie aus weiter Ferne.

Endlich konnte Mutter mühsam erste Worte formulieren. »Ich habe immer vieles vor dir verborgen, Mary ... Ich dachte, dass es auch so schon schwierig genug zwischen uns ist. Aber nun geht es nicht mehr, weil alles anders ist, weil sich alles ändern wird in deinem und meinem Leben ..., weil du ganz stark und erwachsen werden musst, obwohl du doch noch zur Schule gehst ...«

»Aber, Mama, ich bin doch bald sechzehn!« Marys Worte klangen zum ersten Mal weniger hart, fast ein wenig tröstend. »Was ist es denn, das dir solche Panik macht?«

»Mary, ich weiß einfach nicht, wie ich es dir sagen soll. Alle Welt redet darüber, aber man denkt doch nicht daran, dass es jemanden wie mich trifft. An Safer Sex und all so was habe ich nie gedacht. In den Zeitungen haben es doch vor allem Homosexuelle oder Fixer oder noch ein paar Prominente, die ebenfalls schwul oder drogenabhängig sind ...«

Zum ersten Mal lief Mary ein kalter Schauer über den Rücken. Im Bruchteil einer Sekunde war ihr klar, worüber Mutter sprach, im Bruchteil einer Sekunde erinnerte sie sich tausend kleiner Momente, in denen das Wort ihr einen aufregend-schaurigen Schrecken eingejagt hatte, in denen sie mit anderen aus ihrer Klasse Witze darüber gerissen hatte und in denen auch sie in der Zeitung und im Fernsehen darüber gelesen hatte ... Namen wie Rock Hudson und Freddie Mercury schossen ihr durch den Kopf. Aber Mutter?

»Seit drei Wochen habe ich ständig Durchfall ...«, fuhr

Mutter fort. Ihre Stimme hörte sich jetzt gefasst an. Sie wollte es endlich hinter sich bringen und alles sagen, alles – es gab nichts mehr zu verstecken. »Vor zehn Tagen war ich beim Arzt und habe ein paar Untersuchungen machen lassen. Der Doktor sagte, dass der HIV-Test reine Routine sei, er wolle nur ganz sicher sein. Heute Nachmittag sagte er, dass er eine bittere Wahrheit habe – dass ich nicht nur infiziert sei, sondern dass die Krankheit bereits ausgebrochen ist ...« Mutter holte schwer Atem und sah ihrer Tochter in die Augen.

»Aber das ist doch gar nicht möglich!«, rief Mary. Was war das nur für ein Quacksalber gewesen? Mutter hatte doch gar keinen Sex mit anderen Männern gehabt!

»Doch ...«, antwortete Mutter leise, die wusste, was im Kopf ihrer Tochter vor sich ging. »Ich habe mich ab und zu in den letzten vier Jahren mit unterschiedlichen ...«, sie räusperte sich, »... also Bekannten getroffen. Alles Männer, die sich in ähnlichen Situationen wie ich befanden. Es war niemals die große Liebe dabei, aber es hat mir doch manchmal geholfen, wenn ich mich zu einsam und kalt fühlte ...«

»Warum hast du denn bloß nie etwas gesagt?«, fragte Mary. Aber es war keine echte Frage, denn sie war erwachsen genug, sich selbst die Antwort geben zu können. Sie ahnte, wie abweisend sie auf derartige Mitteilungen der Mutter reagiert hätte. Plötzlich schämte sich Mary ihrer Mutter gegenüber. Ein Gefühl, das sie nie empfunden hatte – es waren immer nur Vorwürfe da gewesen, sodass für anderes kein Raum geblieben war.

An diesem Montagabend auf dem Teppich – im Hintergrund lief noch immer der Fernseher – redeten Mutter und Mary miteinander, wie sie es noch nie in ihrem Leben getan hatten. Es war nicht so, dass Mary nun plötzlich voller Liebe für ihre Mutter war. Aber sie begann Zuneigung für diese kleine, strenge Frau zu fühlen, die so viel Sehnsucht über all die Jahre verborgen hatte – und das vor allem und zuerst wegen ihrer Tochter.

Nicht einmal an diesem Abend fiel das fatale Wort, das ihr ganzes Leben mit einem Schlag verändern würde, das Mutters Lebenszeit plötzlich begrenzen würde und auch Mary zwang, über ihre eigene Lebensplanung nachzudenken zu einem Zeitpunkt, zu dem sie eigentlich lieber das Geheimnis von Pits Brustring hatte entdecken wollen.

Als später am Abend das Telefon läutete und Pit sich besorgt erkundigte, warum sie denn nicht ins Kino gekommen sei, antwortete Mary mit ernster, aber doch gefasster Stimme: »Ich kann dir das jetzt nicht erklären. Mit mir ist alles okay. Ich komme morgen aber nicht zur Schule, weil Mutter mich braucht. Sagst du bitte meiner Klassenlehrerin Bescheid?«

Pit spürte, dass es um etwas Ernstes ging, und bohrte nicht nach. Über zwei Monate musste er warten, bis Mary ihm die ganze Wahrheit erzählte, als zum ersten Mal das Wort Aids fiel. Es war zu einem Zeitpunkt, als Mutter ins Krankenhaus musste und ihre Zustimmung gegeben hatte, dass Mary es – nach gründlicher Abwägung – einigen wenigen guten Freunden erzählen durfte. Pit, entschied Mary, sollte dazugehören.

In den folgenden Monaten kümmerten sich Pit und Mary gemeinsam um die Wohnung, um Einkäufe und natürlich vor allem um Mutter, die sie täglich im Krankenhaus besuchten. Mutter musste ein halbes Jahr mit allen möglichen Infektionskrankheiten kämpfen, schaffte es mit Hilfe starker Antibiotika jedoch, langsam wieder auf die Beine zu kommen.

Einmal hatte Mary vorsichtig gefragt, ob Vater nicht informiert werden solle, aber Mutter hatte ruhig und ohne Hass geantwortet: »Noch nicht, Mary, ich will noch damit warten, ja?«

Mary hatte genickt und sich vorgenommen, nicht daran zu rühren, bevor es nicht von Mutter selbst wieder zur Sprache gebracht würde.

Auch Pit veränderte sich in diesen Monaten. Äußerlich blieb er der flippige, wilde Junge, für den es kein Tabu zu geben schien. Innerlich jedoch wuchs er zu einem jungen Mann, der seine Liebe zu Mary darin auszudrücken lernte, indem er begann ihre Lasten und Sorgen mitzutragen, ohne darüber auch nur ein Wort verlieren. Beinahe regelmäßig machte er mit seinem Motorrad die Wochenendeinkäufe. Und wenn Marys Mutter, nachdem sie erst wieder zu Hause war, mal zu später Stunde noch irgendein Medikament benötigte, streifte er sich Jeans, T-Shirt und seine schweren Stiefel über und fuhr zu einer der Nachtapotheken, deren Öffnungszeiten er bald besser als Mutter und Mary kannte.

Oft übernachtete er – übrigens mit Zustimmung seiner Eltern, die inzwischen auch alles wussten, sowie von Marys Mutter – in der Wohnung seiner Freundin. Ein paar Kumpels aus seiner Motorradgruppe, die natürlich von nichts eine Ahnung hatten, feixten, als sie es mitbekamen: »Na, eine heiße Nummer, was? Die ist doch noch keine sechzehn!«

Wenn sie lautstark loslachten, grinste Pit nur schweigend zurück. Sollten sie denken, was sie wollten. Mary hatte es schwer genug und er wollte nicht drängen.

Sie hatten durchaus spielerischen Sex und schliefen oft nackt nebeneinander im gleichen Bett ein. Aber den »Beischlaf«, wie er im Biologiebuch in schematischer Grafik abgebildet war – dafür fühlte sich Mary noch nicht bereit. Sie hatte inzwischen herausgefunden, wie leicht erregbar Pit war, wenn man an seinen Brustwarzen und besonders an dem Metallring spielte. Beide fanden, dass sie sich noch viel Zeit für diese und ähnliche Entdeckungen lassen wollten. Warum sollten sie Risiken – trotz angeblich sicherem Sex mit Kondom – eingehen? Es war gut so, wie es war. Es war selbst besser, als Mary dem flippigen Pit je zugetraut hätte. Er war nicht nur ihr Liebhaber, sondern ihr bester Freund geworden. Irgendwann in diesen Wochen fiel ihr einmal zufällig auf, dass sie lange nicht mehr die Fotos von Vater angeschaut hatte …

Es war nicht absehbar, wie lange sich Mutters gegenwärtig stabiler Zustand halten würde. Jeden Tag konnte eine neue Infektion sie umwerfen. Es gab Aids-Kranke, die noch Jahre lebten – bei anderen war es manchmal schon nach wenigen Monaten vorbei.

Trotz dieser großen seelischen Belastung schien es Mutter wie Tochter, dass ihr Verhältnis eigentlich nie so gut gewesen war. Seit jenem Montagabend gab es keine Geheimnisse mehr zwischen den beiden. Zu ihrem sechzehnten Geburtstag bekam Mary von ihrer Mutter eine kleine Karte, auf die sie geschrieben hatte: »Für dich, Mary – meine Tochter, die zu meiner besten Freundin geworden ist!«

Bevor Mutter es bemerkte, wischte sich Mary schnell die Tränen aus dem Gesicht, die sie beim Lesen der Karte nicht hatte zurückhalten können. Tränen – weil ich mich freue, dachte Mary erstaunt. Und sie begann, mit Millionen anderer Menschen all ihre Hoffnung darauf zu richten, dass doch noch ein Medikament gegen diese grausame Krankheit gefunden werden würde. Pit schenkte ihr wissenschaftliche Bücher, von denen sie nicht einmal die Hälfte begriff, und zu dritt gingen sie zu Vorträgen und Filmen zum Thema. Früher konnte Mary oft die Zeit nicht schnell genug vergehen. Jetzt war Zeit plötzlich zum Kostbarsten überhaupt geworden – Zeit für Mutter.

Pit hielt sie fest – und für einen winzigen Moment gelang es den beiden tatsächlich die Zeit anzuhalten.

Karls Kleider

Kaum mehr als ein leises Brummen war zu hören, als sich das Garagentor langsam nach unten senkte. Ohne Zweifel hatte Karls Vater auch hier nicht gespart und mit das Beste, das gegenwärtig auf dem Markt erhältlich war, angeschafft: ein via Infrarotfernbedienung auf einen Abstand von mehr als dreihundert Metern hin zu steuerndes Rolltor, das sich eben mit einem sanften Klack endgültig schloss. Der Wagen, der nur einen Moment vorher die breite Ausfahrt herunter-gerollt war, hatte vermutlich schon die große Kreuzung er-reicht, von der aus Karls Vater mit seiner neuen Freundin in Richtung Autobahn abbiegen würde. Von dort würden sie in etwa fünfzehn Minuten die Landeshauptstadt erreichen, wo heute Abend irgendein langweiliges Theaterstück in Pre-miere gehen sollte.

Es gehörte zu seinen »gesellschaftlichen Verpflichtun-gen«, wie es Karls Vater nannte, als Aufsichtsratsvorsitzen-der eines der größten hiesigen Unternehmen bei »solchem Kulturkram« sein Gesicht zu zeigen. Karls Mutter hatte nach fünfzehn Jahren Ehe von ihrem wichtigtuerischen Mann ebenso die Nase voll wie von derartigen Pflichtveranstal-tungen. Von einem Tag zum anderen brannte sie mit einem ungelernten Reiseleiter nach Gran Canaria durch. An Karl sandte sie ein paar Monaten lang schuldbewusst ellenlange Briefe, die schließlich in einem zweiwöchigen Besuch von Karl auf Gran Canaria während seiner Frühjahrsferien mün-deten.

Dort erkannte er seine Mutter anfangs nicht nur wegen der dramatisch gekürzten Haare und Röcke kaum wieder, sondern ihre permanente Fröhlichkeit als Geliebte eines professionellen Ferienkomikers, der bei einer Hotelkette die Aufgabe hatte, missmutige Urlauber zum Lachen zu bringen, ging ihm so auf die Nerven, dass er erleichtert war, als die zwei Wochen um waren. Auf ihre Frage beim Abschied nach dauerhafter Umsiedlung ins Urlauberparadies konnte er nur erschrocken den Kopf schütteln.

Nein, auch bei seinem Vater war es kein Zuckerlecken. Aber der hatte zumindest kaum Zeit, sich um ihn zu kümmern. Und das bedeutete immerhin eine gewisse Freiheit, auch wenn sie im Wesentlichen aus gegenseitigem Desinteresse bestand. Geborgenheit und Zuhause – da war Karl sich mit seinen inzwischen fünfzehn Jahren sicher –, die würde er weder in der väterlichen Villa noch im mütterlichen Touristentrubel finden.

Aber dass es so etwas doch gibt, das hatte er bis vor zwei Jahren bei seiner Oma erfahren, die ihn bis zu ihrem unerwarteten Tod im Wesentlichen großgezogen hatte. Als sie ganz plötzlich auf der Straße nach einem Herzanfall umgefallen war und im Krankenhaus wenig später nur noch ihr Tod festgestellt werden konnte, brach für Karl eine Welt zusammen. Er schlief ein paar Wochen schlecht, aß kaum und wurde so dünn und blass, dass es selbst seinem Vater auffiel.

»Für ein Kindermädchen bist du ja eigentlich schon zu alt, nicht?«, hatte sein Vater ihn gefragt, als er ihn einmal spätabends allein im Wohnzimmer, ganz still in Großmutters früherem Lehnstuhl sitzend, angetroffen hatte. »Stimmt!«, hatte Karl geantwortet und war schnell in sein Zimmer gegangen, um weiteren Nachfragen zu entgehen.

Jetzt trat Karl einen Schritt von der Gardine zurück, hinter der er die Abfahrt des Vaters und seiner Freundin zur Theaterpremiere beobachtet hatte.

Endlich sind sie weg, dachte er erleichtert. Denn obwohl das Haus so groß war, dass man sich zu dritt leicht aus dem Weg gehen konnte, wollte er für sein heutiges Vorhaben in jedem Fall ungestört sein. Da es draußen bereits zu dunkeln begann, zog Karl im ersten Stock die dicken Vorhänge zu und ließ danach sorgfältig vor jedem Fenster im Erdgeschoss die Rollläden herunter. Nun war es vollkommen dunkel und still im Haus.

Karl lauschte noch einen Augenblick in das Nichts und lief dann im Dunkeln die breite Holztreppe hinauf in den ersten Stock. Dann ging er nicht wie sonst in sein Zimmer, um fernzusehen oder eines der neuen Computerspiele auszuprobieren – sondern zum anderen Ende des Flurs: zum Schlafzimmer des Vaters und dessen Freundin.

Bei der Idee allein, dass er es heute tun würde, überkam ihn eine Spannung, die sich wohl tuend von der sonstigen Eintönigkeit seines Lebens unterschied. Immer wieder in den letzten Monaten hatte ihn eine ganz bestimmte Phantasie verfolgt, über die er niemals mit irgendjemand würde sprechen können. Zu Beginn war es eher ein undeutlicher Traum gewesen. Beim Erwachen hatte es jeweils eine Weile gedauert, bis er begriff, dass er selbst die Hauptfigur seines Traums gewesen war. Und irgendwann hatte er gewusst: Ich muss es tun. Ich will wissen, wie sich das anfühlt. Heute sollte es so weit sein … Nachdem er die Schlafzimmertür einen Spalt geöffnet hatte, drehte er zunächst vorsichtig am Dimmer links neben der Tür und ließ die indirekt eingebauten Lichtspots langsam heller werden. Wie erwartet war das Zimmer leer von Menschen. Für Karl aber würde es bald voller erregender Möglichkeiten sein.

Zuerst nahm er nur den süßlich-schweren Duft des Parfüms wahr, das Vaters Freundin vor allem benutzte, wenn die beiden ausgingen. Auf dem Bett lagen allerlei Wäschestücke achtlos übereinander geworfen. Von unten hatte er gehört, wie sie sich lange nicht für eine bestimmte Abendgarderobe hatte entscheiden können und es darüber einen Wortwechsel mit Vater gegeben hatte, der zum Gehen drängte und auf ihre wiederholten Fragen, ob es dies oder das sein sollte, schließlich nur noch gestöhnt hatte: »Ja, dies ist schön und das ist auch prima – nun komm endlich!«

Karl strich mit seiner Hand über den Kleiderstapel und spürte, wie seine Erregung zunahm. Hier lag genug, um seine Traumbilder Wirklichkeit werden zu lassen. Nach langem Abwägen wählte er einen schwarzen Slip sowie einen rosafarbenen Büstenhalter aus, dessen Körbchen an der Unterseite mit Schaumgummi gefüllt waren. Dazu wählte er hochhackige Schuhe, deren Obermaterial mit blauer Metallicfarbe gestaltet war. Neugierig öffnete er die Schranktür, die früher zu Mutters Teil gehört hatte und seitdem entweder leer stand oder von Vaters wechselnden Freundinnen belegt wurde. Wie spannend sich all die verschiedenen Stoffe anfühlten!

Da – tatsächlich: Das dunkelblaue Abendkleid mit freiem Rücken, das sagenhaft zu den Metallicpumps passte, hatte sie nicht an und auch nicht in der Reinigung. Es stand zu Karls Verfügung.

Bevor er seine Jeans, das weiße T-Shirt und die schwarzen Nike-Turnschuhe auszog, schloss Karl die Schlafzimmertür. Obwohl außer ihm niemand im Haus war, gab es ihm doch ein besseres Gefühl, wenn die neue Welt, die er nun betreten würde, nach außen deutlich abgeschlossen war. Als er auch seine Unterhose abgestreift hatte, betrachtete er sich und seinen Körper in aller Ruhe im großen Wandspiegel, den Vater gegenüber dem früheren Ehebett hatte anbringen lassen.

Karl fand, dass er nicht schlecht aussah für einen fünfzehnjährigen Jungen. Er war ziemlich gewachsen in den letzten beiden Jahren seit Omas Tod. An Armen und Beinen zeigten sich deutliche Muskeln und auch sein Glied war unübersehbar größer geworden. Karl wusste, dass dies sein Körper war, aber all die Veränderungen waren ihm eigenartig fremd geblieben. Erleichtert stellte er fest, dass er kaum Körperbehaarung hatte, auch nicht an den Beinen wie der etwa gleichaltrige Nachbarsjunge und schon gar nicht auf der Brust. Selbst seine Schambehaarung bestand bislang nur aus einzelnen kurzen Härchen. Karl hoffte, dass dies noch lange so bleiben möge.

Nackt, wie er war, setzte er sich auf den kleinen Hocker vor der Frisierkommode und schnupperte an der eleganten Parfümflasche, die Vaters Freundin gerade benutzt hatte. Mit zwei Fingern verteilte Karl einige Tropfen hinter seinen Ohren, im Nacken und auf der Stirn. Dann zog er an einer der Schubladen vor sich und entschied sich für einen violetten Lippenstift, der fraglos gut zum Kleid passen würde.

Einmal fuhr draußen ein Auto auf der Straße vorbei. Karl hielt kurz inne und arbeitete dann konzentriert weiter. Ab und zu klapperte unten einer der stabilen Rollläden. Vermutlich hatte draußen wieder das stürmische Wetter der vergangenen Tage eingesetzt. In vier Wochen war immerhin schon Weihnachten. Karl mochte gar nicht daran denken – was sollte der Abend ohne Oma? Es konnte nur schrecklich werden. Er vermied, weiter daran zu denken, und lenkte alle Aufmerksamkeit zurück auf die noch ungewohnte Aufgabe, der er sich gestellt hatte.

Noch nie in seinem Leben hatte Karl Lippenstift, Lidschatten und andere Schminkutensilien benutzt. Entsprechend verwackelt gerieten auch die ersten Striche. Aber er wusste, wie es werden sollte. Mit viel Geduld kam er seinen Phantasien schließlich atemberaubend nahe.

»Wow!«, stieß er unwillkürlich hervor, als er nach gut einer Stunde sein Werk im Spiegel begutachtete. Das weibliche Gegenüber in der Glasscheibe war so viel mehr er selbst als der schlaksige Junge mit Jeans und Turnschuhen, den alle als Karl kannten. Nicht mal eine Perücke hatte er nötig. Seine dunkelbraunen Locken, die ihn sonst eher wild erscheinen ließen, legten sich nun in schlichter Eleganz um sein Gesicht.

Dann begann die Vollendung. Denn der hübsche, mädchenhafte Kopf passte nun natürlich endgültig nicht mehr zu dem fremd daranhängenden Jungenkörper. Karl streifte den etwas zu engen Slip über und schlüpfte dann in den viel zu weiten Büstenhalter. Bevor er das Ding mehrere Löcher enger stellte, merkte er sich den vorherigen Abstand, um hinterher erst gar kein Misstrauen bei Vaters Freundin aufkommen zu lassen.

Als er in die hochhackigen Metallicpumps stieg, schien ihm die erste Phase der Verwandlung perfekt. Er drehte sich aufgeregt vor dem Spiegel, fuhr sich mit den lackierten Fingerspitzen über seine Schenkel, über die etwas zu schmalen Hüften bis hoch zu seinem neuen Busen. Karl fand, dass er schön aussah, wirklich bezaubernd! Ein Wort, das ihm als Junge niemals eingefallen wäre.

Bevor er zum krönenden Abschluss das dunkelblaue Abendkleid überstreifte, schaute er zwischendurch kurz auf den kleinen Wecker neben Vaters Bettseite. Kein Grund zur

Panik – erst kurz nach halb zehn. Vor Mitternacht kam sein Vater gewöhnlich nie von derartigen Premierenfeiern.

Es bereitete Karl einige Mühe, den rückseitigen Reißverschluss allein hoch zu ziehen. Er schmunzelte bei dem Gedanken, einen anderen Jungen oder Mann um Hilfe dabei zu fragen, wie er es schon in kitschigen Liebesfilmen gesehen hatte. Als er ihn fast bis oben dicht hatte, vernahm er plötzlich ein deutliches Knacken aus der unteren Etage.

Karl erstarrte augenblicklich. Sein Herz begann zu rasen, der Atem ging flach. Hatten Vater oder die Freundin etwas vergessen? War vielleicht einem von beiden schlecht geworden und waren sie deshalb früher heimgekehrt? Aber wieso hatte er nicht den Wagen die Einfahrt hinauffahren hören?

In zwei großen Schritten, die wegen der hochhackigen Schuhe etwas ungelenk waren, erreichte Karl die Schlafzimmertür und drehte den Dimmer herunter. Er wagte nicht die Tür zum Flur zu öffnen. Wer war da unten? Wer hatte das Geräusch verursacht?

Oder war er doch einfach nur nervös gewesen? Hatte ihm seine Einbildung einen Streich gespielt – und es war gar niemand draußen? Möglicherweise war es nur irgendein Defekt in der Heizung gewesen oder die alte Holztreppe hatte geächzt? Karl wollte gerade die Klinke herunterdrücken, als er erneut das gleiche Knacken von unten hörte. Kein Zweifel – da war jemand!

Plötzlich war Karl sonnenklar, woher das Knacken rührte. Jemand hatte sich an einem der Rollläden zu schaffen gemacht. Mein Gott, erschrak Karl, das waren niemals sein Vater oder dessen Freundin. Das konnten nur ein – oder gar mehrere – Einbrecher sein!

Karl lief zum Fenster, um vorsichtig hinüber zur Terrasse zu schauen, aus deren Richtung er glaubte, die Geräusche vernommen zu haben. Was er erblickte, ließ beinahe das Blut in seinen Adern gerinnen: Im schwachen Licht einer Gartenlampe, die Vater nachts immer in der Nähe der Garage brennen ließ, konnte er gerade noch sehen, wie ein junger Mann sich durch einen Spalt zwischen dem Rollladen und der Fensterklappe über der Terrassentür ins Innere des Hauses zwängte.

Als er sich voller Entsetzen Hilfe suchend im abgedunkelten Zimmer umschaute, traf sein Blick auf den großen Spiegel, der ihm den ersten Teil des Abends über so viel Freude bereitet hatte. Gleichzeitig vernahm er nun deutlich Schritte des Einbrechers im Erdgeschoss, die sich der Treppe zum ersten Stock zu nähern schienen. Zuerst erstarrte Karl beim Anblick seines anderen Selbst im Spiegel. In diesem Moment der Konfrontation mit seiner neuen Erscheinung geschah jedoch etwas völlig Unerwartetes, ja wirklich Besonderes: Karl fühlte mit einem Mal eine bislang nie da gewesene Ruhe in sich strömen – was äußerlich für andere lächerlich oder gar komisch wirken mochte, war für ihn eine erste Erfahrung von Stimmigkeit. Und die würde er sich von nichts und niemandem zerstören lassen!

Er huschte hinter eine der geöffneten Türen des Schlafzimmerschrankes, während er angestrengt zur Treppe hinlauschte. Zu seiner Erleichterung schien der Einbrecher allein zu sein, denn er hörte weder Geräusche einer zweiten Person noch gar Stimmen von mehreren. Trotzdem schien der Augenblick des Zusammentreffens unausweichlich. Da der Dieb unten vermutlich nichts ausreichend Wertvolles gefunden hatte, schlich er nun langsam die breite Holztreppe hoch, die bei aller Vorsicht doch ein unregelmäßiges Knarren von sich gab. Jetzt sind es noch höchstens fünf Stufen, dachte Karl.

Erneut huschte er aus seinem Versteck, zog Vaters Revolver aus der Nachttischschublade und ergriff mit der anderen

Hand eine beinahe volle Whiskeyflasche, die neben dem Bett stand. Mit beiden Waffen konnte er gerade noch zurück hinter die offene Schranktür verschwinden, als auch schon die Türklinke von außen niedergedrückt wurde.

Wie vor gut anderthalb Stunden von ihm selbst wurde auch jetzt die Schlafzimmertür zunächst nur einen Spaltbreit geöffnet. Karl konnte ein Grinsen kaum unterdrücken, dass der junge Einbrecher inzwischen ja mit einer doppelten Ladung des schweren Parfüms konfrontiert wurde. Was mochte er über den moralischen Zustand der Bewohner jener äußerlich so respektablen Villa nur denken?

Als Karl gerade ein wenig hinter seiner Schranktür hervorlugen wollte, um zu sehen, welchen Typ Nachwuchsdieb er vor sich hätte, knipste der Kerl eine Taschenlampe an und ließ sie suchend über das Bett und den Kleiderhaufen streifen. Offensichtlich fühlte er sich doch recht sicher und schaltete das Deckenlicht nur nicht ein, um kein Licht nach draußen dringen zu lassen. Die Reflexionen des Lichtstrahls waren stark genug, dass Karl nun etwas mehr von der Gestalt erkennen konnte: Er schien nur wenig älter als Karl zu sein, höchstens siebzehn oder achtzehn, und wirkte trotz dicker Lederjacke nicht viel kräftiger – im Gegenteil, wegen der hochhackigen Schuhe war Karl sogar etwas größer.

Kurz bevor der Taschenlampenstrahl bis zu Karls Versteck vorgedrungen war, stieß er die Tür mit einem Knall zu und postierte sich – bewaffnet mit einem auf den Jungen gerichteten Revolver in der einen und der Whiskeyflasche in der anderen Hand – in nur zwei Meter Entfernung vor dem erschrockenen Einbrecher. Mit leicht erhöhter Stimme fuhr Karl ihn an: »Sag mal, spinnst du, Kleiner?!«

Der Junge war sichtlich geschockt und blickte mit weit aufgerissenen Augen auf sein Gegenüber, während er die Taschenlampe höflich nach unten gesenkt hielt. Auch Karl war etwas ratlos, wie er nun weiter vorgehen sollte. Wie ein abgebrühter Krimineller wirkte der Junge nicht. Andererseits konnte man nie wissen, zu was Menschen, die sich in die Enge getrieben fühlen, in der Lage sind. In jedem Fall dürfte er keinerlei Schwächen zeigen!

»Hast du schon mal 'ne Kugel abbekommen, Baby?«, rief Karl drohend und gewann allmählich Gefallen an seiner verstellten Stimme.

Endlich reagierte der Typ. »Bitte«, begann er zu stammeln, »schießen Sie nicht!«

Karl vermerkte erfreut, dass der Möchtegern-Supermann ihn gesiezt hatte. Er machte noch einen Schritt auf ihn zu und nahm ihm die Taschenlampe ab, was der Junge ohne Widerstand geschehen ließ. Karl leuchtete ihm ins Gesicht und schaute in ziemlich traurige, leere Augen.

»Drogen?«, fragte Karl und vergaß das erste Mal, seine Stimme zu erhöhen. Der Junge nickte. Nicht schwach werden, ermahnte sich Karl wieder. Nur kein Mitleid!

»Los!«, herrschte er ihn an. »Da ist das Fenster. Das öffnest du und kletterst die Regenrinne hinunter. Wenn du nur einmal stehen bleibst oder dich umdrehst, schieße ich! Ist das klar?«

Karl glaubte, etwas wie Erleichterung über das müde Gesicht des jungen Einbrechers huschen zu sehen. Dann war dieser auch schon mit einem Satz beim Fenster, riss den linken Rahmen auf und klomm geschickt über die Brüstung am Rohr hinunter. Aus Gründen der Glaubwürdigkeit hielt Karl die Pistole weiter auf ihn gerichtet, bis er am Ende des Gartens über den Zaun geklettert war und die menschenleere Straße Richtung Autobahn hinunterlief, ohne sich auch nur einmal umzudrehen.

Karl holte tief Luft. Dann legte er die Waffe zurück in die Nachttischschublade und nahm einen kräftigen Schluck aus der Whiskeyflasche. Er fühlte sich so gut wie lange nicht mehr.

In der verbleibenden Zeit bis Mitternacht kleidete er sich langsam wieder aus und schminkte in aller Ruhe sein Gesicht ab. Am schwierigsten war es, den ebenfalls violetten Nagellack gründlich zu entfernen. Aber auch das gelang schließlich.

Rechtzeitig bevor sein Vater und dessen Freundin heimkamen, lag er in seinem Bett – mit offenen Augen. Wach und konzentriert lauschte er ihrer leisen Geschäftigkeit im Bad, bis sie endlich im Schlafzimmer verschwunden waren und erneut alles Licht gelöscht war. Die beschädigte Terrassentür würde Vater frühestens morgen entdecken.

»Ein misslungener Einbruchsversuch!«, würde er vermutlich kommentieren, nicht ohne Stolz auf seine qualitätsbewusste Auswahl der verschiedenen Sicherheitsvorkehrungen. »Hast du denn gar nichts gehört, Karl?«

»Nein, nichts!«, würde Karl antworten. Es gab so viel Wichtigeres, als das Vermögen seines Vaters zu bewachen. Das erste Mal seit dem Tod der Großmutter war Karl heute Nacht ganz nah bei sich selbst gewesen. Natürlich würde das kein Mensch verstehen, das war ihm klar.

In dieser Nacht blieb er wach bis zum Morgen. Er wollte das Gefühl genießen, dass es ihm wirklich egal war, was andere über ihn dachten. Jedenfalls irgendwelche Menschen wie sein Vater oder seine Mutter. Und vielleicht würde er ja doch noch einmal einen Menschen wie seine Oma treffen. Die hätte ihn verstanden, ohne Fragen zu stellen. Da war sich Karl ganz sicher.

Marks Maschine

EINMAL. SANDRA.
BLAU. WARM. KOMM.
SANDRA. JA. DU. SAG DU. EINMAL.

Noch ganz früh ist es. Wochenende, herrlich. Außer mir schlafen noch alle, obwohl es schon dämmert. Keinerlei Geräusche im Haus. Auf Zehenspitzen schleiche ich über den Flur und öffne leise die Tür zu Marks Zimmer. Gestern Abend habe ich ein paar Musikkassetten bei ihm liegen lassen. Die will ich mir holen und dann zurück in mein Bett und den neuen Walkman genießen. Ich habe ihn erst vor zwei Wochen zum Geburtstag bekommen.

Auch Mark schläft zum Glück noch. Er hat sich gestern den Walkman und einige meiner Kassetten geliehen und vielleicht würde er jetzt heulen, wenn ich sie mir zurückhole. Das wäre blöd, weil ich nicht will, dass Mutter etwas mitbekommt. Seit Marks sechzehntem Geburtstag hat sie mir verboten, nachts allein mit ihm in seinem Zimmer zu bleiben. »Wieso das denn?«, habe ich erschrocken gefgragt. Wir sind schließlich Geschwister und ich liebe meinen älteren Bruder.

Mutters Antwort kam zögernd, beinahe unwillig, so als würde sie sich ärgern, dass ich mir nicht selbst ausreichend Gedanken gemacht hätte: »Er ist einfach kein Kind mehr, Nora – und doch weiter wie ein Kind! Wir müssen es ihm nicht noch schwerer machen!«

Ich sah sie böse an, weil ich es nie mag, wenn sie über

Mark so mitleidig und klagend spricht. Das ist so ein Ton-fall, bei dem andere Menschen gewöhnlich beginnen, ebenso mitleidig zu gucken und auf griesgrämige Weise Verständnis zu heucheln – für Mutter natürlich, nicht für Mark ...

Ich muss seine Maschine ein wenig vom Bett wegschieben, da ein Vorderrad auf dem Kopfhörerkabel steht. »Ma-schine« – so nennen Mark und ich immer seinen Wahn-sinnsrollstuhl, eine Spezialanfertigung, die ihm trotz des ver-bogenen Rückgrats erlaubt, doch beinahe aufrecht zu sitzen. Außerdem ist die Maschine mit einem Elektromotor ausge-stattet, den Mark mit einem Hebel in Höhe seiner linken Hand steuern kann. An seiner linken Hand gehorchen im-merhin drei Finger genau seinem Willen. Jetzt quietscht die Maschine ein wenig, als ich an ihr zerre. Mark gibt ein freundlich brummendes Geräusch von sich. Er wühlt mit den Beinen und dreht sich dann auf die Seite. Habe ich ihn aufgeweckt?

Mucksmäuschenstill bleibe ich neben der Maschine am Fußende seines Bettes hocken und schaue zu ihm. Durch die Drehung ist seine Decke zum Teil weggerutscht. Erst jetzt bemerke ich, dass er sich wieder allein den Pyjama ausgezo-gen hat und ganz nackt ist. Auch darüber wird Mutter sauer sein. Seine Augenlider zittern ein bisschen, als würde er ge-rade einen aufregenden Traum verfolgen. Sein Körper liegt jedoch ganz entspannt auf der Seite. Gleichmäßig hebt und senkt sich sein schief gewachsener Rücken, während er tief ein- und ausatmet.

Obwohl er doch so wenig in der Sonne ist, hat seine Haut einen schönen hellbraunen, fast bronzenen Teint, keine Pickel, nichts. Bei mir hat diese elende Akne gerade begon-nen, mitten im Gesicht, ein Mist ist das. So viel Creme kann ich gar nicht drüberschmieren, als dass nicht doch immer noch genug zu sehen wäre. Marks Haut ist schön.

Es ist tatsächlich lange her, dass ich Mark so habe anschauen können. Früher durften wir sogar zusammen in die Badewanne. Das war toll, weil Mark immer riesig viel Spaß im warmen Wasser hat. Mit niemandem in meinem Leben habe ich bisher solche tollen Schaumschlachten erlebt wie mit ihm. Erst die ganze Badewanne voll Schaum, dann haben wir getobt wie die Wilden, noch mehr Shampoo, Wasser nachgefüllt, wieder Shampoo – unser Rekord liegt bei einer rund einen halben Meter hohen Schaumdecke im gesamten Badezimmer.

Jetzt sehe ich, dass sich sein Körper wirklich ziemlich verändet hat. Seine Beine bis hoch zum Po haben überall kurze dunkle Haare bekommen. Sein Glied ist viel größer geworden und liegt ein wenig aufgerichtet gegen seinen Bauch an. Der Oberkörper ist demgegenüber weiter ganz dünn und beinahe kindlich, eine flache, durch die Rückgratverkrümmung etwas schiefe und eingefallene Brust. Einen mageren Arm hat er um sein Kopfkissen geschlagen. Es tut gut, ihn so in Ruhe und unbemerkt anschauen zu können.

Langsam wickle ich das Kabel des Kopfhörers um den Walkman und sammle die herumliegenden Kassetten ein. Dann schleiche ich über den Flur zurück in mein Zimmer und krieche genüsslich in das noch warme Bett. Niemand hat mich gehört.

JA. SO SCHÖN.
SCHÖN WARM. SCHÖN BLAU.
KOMM.
SANDRA. SANDRA. SANDRA.
SANDRA UND MARK. JA.

KOMM. JA. SO.
SO SCHÖN. TRAUMSCHÖN. WILDSCHÖN.
HAUTSCHÖN.
HAUT UND HAUT UND SANDRA UND MARK.
JA. JA. JA. MMH. AAH. JA ...
WO. WO SANDRA?
MARK ALLEIN.
MARK NASS. ACH.
MAMA NEIN.
WO SANDRA?
TRAUMSCHÖN.

Gut, ich gebe zu, dass ich nicht gerade begeistert war. Nicht dass ich oder mein Mann verklemmt wären. Aber es war einfach klar, dass Mark nun kein kleiner Junge mehr war.

Anders als mein Mann glaube ich auch nicht, dass man so etwas verbieten kann. Also, ich habe es ja versucht und Mark gesagt: »Nein, Mark, das ist nicht schön. Das musst du nicht machen!« Ich habe immer darauf geachtet, dass er abends auch richtig seinen Pyjama anzieht – wir haben sogar einen neuen gekauft, den man oben so zubinden kann. Aber das ist natürlich alles Unsinn. Gegen die Natur kommt man nicht an. Das habe ich vom ersten Tag an gesagt.

Zuerst habe ich nur manchmal diese hell gelblichen Flecken im Laken gesehen, die sich ein wenig wie angetrocknete Schlagsahne auf dem Stoff anfühlen. Na ja, dachte ich, vielleicht träumt er dann irgendwas und dann kommt das eben von selbst. Da kann er ja nichts für. Vielleicht weiß er selbst nicht, was das ist. Am besten gar nicht daran rühren, dachte ich. Nicht mal meinem Mann habe ich davon etwas gesagt.

Aber dann an jenem Sonntagmorgen habe ich ihn dabei überrascht. Wirklich, ich habe ihm nicht nachspioniert. So was würde ich nie tun, auch bei Nora nicht. Ich war in der Küche gewesen, um etwas zu trinken, und wollte nur eben mal schauen, ob er gut schläft. Nur deshalb öffnete ich seine Zimmertür ganz leise. Ja, und da sah ich dann eben alles. Mit seiner linken Hand rieb er an seinem Glied, dass mir unglaublich groß erschien – er war doch gerade erst sechzehn geworden! Die Augen hatte er geschlossen und wahrscheinlich nicht bemerkt, dass ich hereingekommen war. Ich war so überrascht, dass ich wohl doch irgendeinen Ton von mir gegeben haben muss, vielleicht »Oh, Gott!« oder so was. Jedenfalls, da kam es ihm auch schon, etwa im gleichen Moment, in dem ich irgendwas gerufen hatte. Er riss die Augen auf und sah mich erschrocken an. Aber es kann natürlich auch sein, dass er mich so entsetzt ansah, weil genau ich einen solchen Gesichtsausdruck hatte. Denn, so denke ich heute, woher soll er gewusst haben, wie ich darüber denke?

Nun wusste er es. »Mama, nein!«, sagte er ernst und rieb dabei mit seinen drei Fingern unsicher über seinen feuchten Bauch. Erst mal sagte ich gar nichts, sondern holte einfach ein Handtuch und wischte alles sauber. Dann versuchte ich ihm zu erklären, dass das nicht schön sei. Er hörte sich wie immer alles aufmerksam an. Der Junge hat so große, wunderbar braune Augen. Man denkt, wenn er so schaut, dass er alles versteht. Vielleicht ist das auch so, auf seine Art. Jedenfalls sagte er noch mal: »Mama, nein!« Aber er blieb so nackt vor mir liegen, so vertrauensvoll, ohne jede Scham, schutzlos, wehrlos. Dann versuchte er ein Grinsen. »Mama!«

Ich gebe zu, dass mir der Gedanke, dass unser Mark nunmehr groß und geschlechtsreif war, vor allem im Hinblick auf seine zwei Jahre jüngere Schwester Nora und dann natürlich in Bezug auf die Öffentlichkeit Sorgen machte. Er hatte einfach keine Hemmungen wie andere Menschen. Wenn nun ein kleiner behinderter Junge irgendeinen fremden Erwachsenen an der Hand oder am Bein berührte, dann reagierten doch die meisten freundlich, manchmal mitleidig, manchmal aber auch wirklich locker. Wie würde eine junge Frau reagieren, wenn der junge Mann Mark ihr gleichermaßen arglos in der U-Bahn ans Bein oder in die Bluse fassen würde?

Zu Nora sagte ich, dass wir es nicht mehr wünschten, dass sie abends oder gar nachts noch allein bei Mark im Zimmer bliebe. Außerdem bat ich sie, nicht mehr nackt vor Mark herumzulaufen, denn immerhin begann auch ihr Körper sich allmählich zu verändern. Wie erwartet, reagierte sie mürrisch und ohne Verständnis. Nora kommt jetzt in dieses schwierige Alter. Immer erst mal Opposition, aus Prinzip. Aber sie scheint sich doch einigermaßen daran zu halten.

Was aber soll ich mit Mark machen? Noch sind mein Mann und ich ja ganz gut beieinander. Tagsüber ist der Junge in der heilpädagogischen Einrichtung untergebracht, zu der ihn jeden Morgen der Bus mit dem jungen Zivi abholt und am späten Nachmittg wieder zurückbringt. Und am Wochenende nehmen wir uns wirklich viel Zeit für ihn. Auch mein Mann, das muss ich sagen. Machen ja längst nicht alle Väter so.

Vom ersten Moment an habe ich zu ihm gesagt: »Das ist nun mal so. Da hat niemand Schuld. Wir werden ihn lieben wie ein gesundes Kind!« Aber am Anfang hat er doch einige Zeit nötig gehabt, um über den Schock hinwegzukommen. Das erste Kind, ein Junge, ein Sohn – und dann: behindert, mehrfach behindert an Körper und Geist, unheilbar. »Da werden Sie mit leben müssen!«, hat der Arzt uns nüchtern mitgeteilt.

Trotzdem haben wir zu Beginn noch alles Mögliche und

Unmögliche versucht. Oft war Mark monatelang im Krankenhaus zu komplizierten und nicht immer ungefährlichen Operationen. Jedes medizinische Angebot war für uns immer auch ein Strohhalm der Hoffnung. Von einem Tag auf den anderen – Mark war gerade fünf – war ich jedoch gegen jeden weiteren Eingriff. Ich konnte nicht mehr mit ansehen, wie der Kleine litt. All die Schmerzen ohne Garantie auf Besserung? Nein, unser Mark ist doch kein Versuchskaninchen!

Seit der Geburt von Nora hat sich die Haltung meines Mannes gegenüber Mark deutlich entspannt. Auch zwischen ihm und mir. Es war, als hätte er insgeheim doch weiter nach Schuld gesucht, wer für Marks Schicksal nun verantwortlich sei. Als dann Nora kerngesund auf die Welt kam, mischte sich in das Aufatmen über die glückliche Geburt auch Erleichterung über das eigene scheinbar wiederhergestellte Funktionieren als Mann und Vater.

So ging es die letzten Jahre eigentlich immer besser. In der Öffentlichkeit ist mein Mann Mark gegenüber distanziert geblieben. Das tut mir manchmal weh, denn ich sehe, wie Mark das auch spürt. Mein Mann verhält sich dann wie ein Betreuer, der pflichtgemäß seinen Dienst tut, statt wie ein Vater, der zu seinem behinderten Kind steht. Es ist gut, dass Nora so viel Zuneigung für ihren Bruder zeigt und ganz selbstverständlich mit ihm umgeht, ihn sogar manchmal mitschleppt zu irgendwelchen Partys oder Ausflügen. Das rechne ich ihr hoch an. Allerdings – in jüngster Zeit finde ich sie einfach etwas zu locker gegenüber Mark. Sie küsst und streichelt ihn manchmal, dass ich denke: Also, ob das noch gut ist? Aber woher soll ich das alles wissen? Mich hat auch keiner vorbereitet auf das alles. Mit der ganzen Sexualität und was da noch alles mit zusammenhängt.

Seit zwei Tagen ist nun auch noch der Zivi krank und wir müssen selbst den Transport zu dem Heim organisieren. Gestern bin ich deshalb zu spät zur Arbeit gekommen. Heute wird mein Mann Mark in unserem Kleinbus bringen, den wir eigens angeschafft haben, weil Marks Rollstuhl in einen normalen Pkw nicht hineingeht.

Mark ist wie fast immer morgens fröhlich und guter Dinge. Heute hat er außerdem sein blaues Lieblings-T-Shirt an. Er fährt gern mit unserem Bus und freut sich, dass mein Mann Zeit für ihn hat. Dabei ist der ziemlich ungeduldig, angeblich war ein wichtiger Geschäftstermin heute Morgen. »Fahr vorsichtig!«, rufe ich ihm noch nach. Dann sehe ich, wie die beiden mit dem Bus die Ausfahrt vom Parkplatz herunterrollen und kurz darauf hinter den Bäumen in Richtung Ausfallstraße verschwinden.

BLAU. SCHÖN BLAU.
PAPA. SCHNELL. BUS. SCHNELL. WOW!
HEIM. NEIN. HEIM?
PAPA. KOMM. JA. PAPA.
ACH, HEIM.
HEIM. SANDRA?
Als meine Lehrerin mir sagte, dass ich ins Schulsekretariat gehen solle, weil mein Vater um einen Rückruf auf der Arbeit bat, bekam ich erst einen Riesenschreck. Ich sauste, so schnell ich konnte, den langen Flur entlang und dann die Treppe hinunter, die genau zum Büro führte. Ohne zu klopfen, stürzte ich hinein.

»Kann ich bitte meinen Vater anrufen? Ich bin Nora!«, rufe ich außer Atem der Sekretärin zu. Sie ist noch nicht lange an der Schule, eine ganz junge, immer superchic. Ich habe ihren Namen schon wieder vergessen.

»Ja, natürlich, Nora!«, sagt sie sachlich. »Aber du musst einen Moment warten, weil die Leitung noch vom Chef besetzt ist.«

Ach, du liebe Güte, denke ich. Unser Schulleiter ist bekannt dafür, dass er nie ein Ende finden kann, wenn er mal am Reden ist. Wenn das beim Telefonieren auch so ist, dann gute Nacht.

»Aber es ist dringend!«, rufe ich ungeduldig.

»Ich weiß«, entgegnet sie kühl, unternimmt aber nichts. Eine tolle Sekretärin, wirklich. Ich vermisse die dicke, alte Frau Sobirey, die hatte immer für alles eine Lösung, egal ob man ein Pflaster oder einen Rat brauchte.

Ich zähle langsam bis zehn und beschließe innerlich, danach einfach verbotenerweise aus der Schule zum nahe gelegenen Postamt zu laufen und von dort aus meinen Vater anzurufen. Doch bei sieben erlischt irgendeine Lampe auf dem Telefon von der neuen Schreibkraft. Sie winkt mich zu sich heran und reicht mir den Telefonhörer: »Hier – du musst nur eine Null vorab wählen!«

Ich bin so aufgeregt, dass ich mich beim ersten Mal verwähle und noch einmal beginnen muss. Sie schaut genervt zu mir herüber. Um ein Haar hätte ich ihr die Zunge herausgestreckt. Aber dann ist es schon gelungen. Kurz das Freizeichen. Da ist Vater auch schon am anderen Ende der Leitung.

»Mensch, Papa, was ist denn?«

Vater räuspert sich umständlich: »Fein, dass du gleich zurückrufst, Nora. Bitte erschrick nicht, es ist alles in Ordnung. Aber ich komme beim besten Willen einfach nicht rechtzeitig aus dem Büro, um Mark abzuholen. Und Mutter hat doch die Verabredung mit ihrer Kollegin heute nach der Arbeit. Nora, könntest du bitte Mark vom Heim abholen?«

Erleichtert rufe ich in den Hörer: »Klar, Papa, das ist doch kein Problem! Mach dir mal keine Sorgen. Ich hatte schon gedacht, es ist etwas passiert!«

»Na, das nicht. Es ist ja auch nicht richtig, dich in der Schule zu stören. Aber später hätte ich dich vielleicht nicht mehr erreicht. Bitte, nimm in jedem Fall ein Taxi für die Hinfahrt und versuche den Taxibus für die Rückfahrt zu bekommen!« Vater ist immer ein großer Organisator. Dabei ist das wirklich kein Problem. Ich habe die entsprechenden Taxinummern immer bei mir, weil ich Mark ja auch so schon mitgenommen habe, wenn ich mit meinen Freundinnen und Freunden losgezogen bin. Die fanden das meistens super, weil sie dann ja auch im Taxi mitfahren konnten.

»Mach dir echt keine Sorgen!«, sage ich noch einmal. Dann lege ich auf. Ich bin froh, dass die neue Sekretärin wegen irgendwas das Büro verlassen hat, und so laufe ich hinaus, ohne mich verabschieden zu müssen.

Kaum bin ich zurück an meinem Platz in der Klasse, stößt mich auch schon meine beste Freundin Gülcihan besorgt an und fragt leise: »Was war denn?«

»Alles okay!«, gebe ich genauso leise zurück. Gülcihan lächelt erleichtert. Sie ist wirklich meine beste Freundin.

Nach der Schule frage ich, ob sie Lust hat mitzukommen, um Mark abzuholen. Sie druckst einen Moment herum, dann sagt sie: »Kannst du noch eine Viertelstunde warten?«

»Kein Problem! Wegen John?«

Sie nickt. In meinen Augen ist John ein Armleuchter. Er nutzt Gülcihan nur aus. Regelmäßig lässt er Verabredungen im letzten Moment platzen. Eigentlich hat er sowieso nur sein Karate im Kopf. Aber die meisten Mädchen finden, dass er ein scharfer Typ ist. Absolut bescheuert. Das Schlimmste ist, dass ich glaube, dass Gülcihan ihn wirklich liebt. Nicht, weil er so geil aussieht mit seinen aufgeschlitzten Jeans und den zerrissenen T-Shirts einschließlich Sicherheitsnadeln und tausend Ketten, sondern einfach so. Sie liebt den Typ. Macht alles für ihn. Und wartet bis in die Steinzeit auf ihn.

»Aber wirklich nur 'ne Viertelstunde, ja?«, schiebe ich nach. Gülcihan nickt wieder.

Nach der Schule läuft sie als Erste aus dem Klassenzimmer. Sie vergisst sogar ihre Federtasche, die ich in meinen Rucksack stecke, um sie ihr später zu geben. Wahrscheinlich rennt sie direkt zum Fahrradständer, um Superjohn auch nicht eine Sekunde warten zu lassen.

Ich gehe gemütlich zum Haupttor unserer Schule und setze mich dort auf die kleine Mauer in die Sonne. Es ist wirklich ein herrlicher Sommertag. Wie schön, dass der Unterricht endlich vorbei ist. Bei dem Wetter mache ich die Schularbeiten entweder heute Abend vor dem Schlafengehen oder morgen früh im Bus. Jetzt bin ich frei und freue mich auf den Rest des Nachmittags mit Gülcihan und Mark.

Nach gut fünfzehn Minuten schaue ich ein paar Mal zum anderen Teil des Schulhofs. Hinter der Turnhalle sind die Fahrradständer und von dort müsste Gülcihan eigentlich jeden Moment kommen. Ich warte noch einmal fünf Minuten. Dann beschließe ich selbst bei den Fahrradständern nach ihr zu schauen. Hoffentlich hat der Typ sie nicht wieder versetzt. Gülcihan bekommt es fertig und wartet bis morgen früh auf den.

Kurz bevor ich die Ecke der Turnhalle erreicht habe, hinter der ich die beiden vermute, höre ich bereits die tiefe Stimme von John. Aber ich muss noch etwas dichter heran, um seine Worte verstehen zu können. Jetzt merke ich, dass er gar nicht mit Gülcihan redet, sondern offensichtlich zu irgendeinem seiner Kumpel.

»Die ist doch total fertig, die Frau!«, höre ich John zu einem anderen Jungen sagen, der ein bisschen kleiner und dünner als John ist und wahrscheinlich zu seinem enormen Fanclub gehört. Jedenfalls nickt er nur stumm und versucht trotz seiner Spargelbeine möglichst männlich neben John zu erscheinen.

»Das hältste doch im Kopf nicht aus!«, schimpft John weiter und reibt sich mit einer Hand über seine unrasierte Wange. »Ein Mann muss doch seine Freiheit haben. Die kann hier doch nicht jeden Nachmittag auf der Lauer liegen. Ich hab gestern gesagt, vielleicht bis morgen am Fahrradständer. Daraus macht die 'ne feste Verabredung! Die ist einfach hysterisch!«

Natürlich ist mir längst klar, dass etwas schief gegangen sein muss, wenn er so abfällig über meine beste Freundin Gülcihan redet. Aber wo ist Gülcihan?

Gerade als ich mich zu erkennen geben will, um den Angeber nach ihr zu fragen, sehe ich von weitem, dass Gülcihan längst bei unserem Treffpunkt am anderen Ende des Schulhofs bei der kleinen Mauer steht und mir zuwinkt. Ich mache auf der Stelle kehrt und laufe hinüber zu meiner Freundin.

Zu meiner Erleichterung scheint sie nicht geweint zu haben, sondern hat vielmehr einen herrlich wütenden Gesichtsausdruck.

»Ich hab ihm eine gescheuert!«, sagt sie.

»Bravo!«, gebe ich zurück. Wir müssen plötzlich beide lachen.

Auf dem Weg zum Taxistand holen wir uns jeder ein großes Eis. Wir haben genug Zeit, um es in Ruhe auf einer nahen Wiese aufzuschlecken, bevor wir mit dem Taxi zu Marks

Heim aufbrechen. Gülcihan borgt mir Geld, das ich ihr am Abend von meinem Vater zurückgeben werde.

Heute Nachmittag stehen wegen des ausgefallenen Busses bereits mehrere Privatautos von Eltern vor dem Heim. Die Ersten kommen bereits heraus und verabschieden sich zur Fahrt nach Hause. Mark ist nirgendwo zu sehen.

Gülcihan und ich gehen durch den Haupteingang und die große Halle zum Garten, um zu schauen, ob Mark noch draußen ist. Aber auch dort ist er nicht zu sehen. Ich frage eine der Erzieherinnen nach ihm.

»Oh, ist er nicht am Eingang? Da habe ich ihn vor ein paar Minuten noch gesehen. Ich habe ihm gesagt, dass du kommst, um ihn abzuholen. Er hat sofort über beide Ohren gestrahlt!«, antwortet sie freundlich. In dem Moment zieht Gülcihan sanft an meinem Arm und zeigt auf eine Stelle am hinteren Teil des Gartens.

Ich kann Marks Maschine von hinten erkennen, aber noch nicht ihn selbst. Ob er etwas im Garten vergessen hat, das er nun holen möchte? Seine Maschine wackelt etwas beim Rollen über den unebenen Rasen. Ich deute Gülcihan an, nicht zu rufen. Wie wird sich Mark freuen, wenn wir ihn von hinten überraschen. Wir laufen über das Gras, das jedes Geräusch unserer Schritte verschluckt.

Als wir fast bei ihm sind, steuert er seine Maschine geschickt an einem Rosenbusch vorbei. Dabei macht er eine scharfe Wendung und steht uns plötzlich genau gegenüber. Erst jetzt sehe ich, dass er nicht allein ist. Auf seinem Schoß sitzt ein etwa gleichaltriges, ganz zartes Mädchen in einem blauen Kleid. Sie trägt eine dicke Brille, schielt ein wenig und trägt Stahlschienen an beiden Unterschenkeln. Ihren Kopf hat sie an Marks Schulter gelegt.

Gülcihan und ich bleiben ergriffen stehen. Die beiden sehen so vollkommen schön aus, eine Woge von Harmonie und unendlicher Zärtlichkeit, die von ihnen zu uns herüberströmt. Jetzt hat auch er uns erkannt.

Sein Gesicht verzieht sich zu einem breiten Lachen: »Nora – schön!«, ruft er und macht das Mädchen auf seinem Schoß auf uns aufmerksam. Sie bleibt ernst und drückt ihren Kopf noch dichter an Marks Schulter. »Sie hat tolle Locken!«, flüstert Gülcihan mir ins Ohr.

Am liebsten würden wir diesen Moment genauso festhalten, vielleicht jeder von uns vieren auf seine Art. Mein großer Bruder Mark, das Mädchen auf seinem Schoß, Gülcihan mit ihrer Wut auf John und ich sowieso.

Wir setzen uns zu den beiden auf den Rasen, der sich noch warm von der Sonne anfühlt. Niemand braucht etwas zu sagen. Ich höre das angestrengte Brummen einer Biene, die in unmittelbarer Nähe versucht in einen kleinen Blütenkelch zu klettern. Etwas weiter weg streiten zwei Spatzen um etwas. Ich schaue Mark an und spüre, dass auch er all dies mit gleicher Intensität wahrnimmt wie ich.

Nach einer ganzen Weile winkt er mich zu sich heran. Er nimmt mit den drei Fingern seiner linken Hand meinen Arm und hält ihn fest. Dann schaut er mich ernst an.

Ganz leise sagt er: »Sandra!«

Jetzt lächelt auch Sandra zum ersten Mal.

Worum es geht

Jung sein, gesund sein, schön sein – immer strahlend und gut drauf? Unter solch hohem Erwartungsdruck von Medien und Werbung ist es gar nicht so leicht, unbeschwert und eigenständig zu (über-)leben – und das heißt vor allem: die Veränderungen des eigenen Körpers bewusst wahrzunehmen und genießen zu lernen.

Denn: Ob Liebe und Sex als etwas Gutes, Aufregendes, Schönes und Befriedigendes erlebt werden, hängt nicht davon ab, ob jemand hübsch oder hässlich, dünn oder dick, arm oder reich, progressiv oder konservativ, schwul, lesbisch oder hetero, schwarz oder weiß, behindert oder nicht behindert ist. Wichtig ist, dass du einerseits Freude an deinem Körper, an deiner Sexualität, mit deinen Liebesgefühlen erfährst – und andererseits verantwortlich mit dir und deinem Gegenüber umgehst. Und wo dies nicht von selbst geht (und das ist – außer in Kitschromanen – ziemlich oft so), dass ihr darüber miteinander sprechen lernt. Dazu wollen die Geschichten dieses Buches ermutigen.

Sie alle schildern erste Erfahrungen mit Liebe und Sex aus Perspektiven, die normalerweise nicht in Sexserien über »das erste Mal« zu finden sind. Ja, es gibt sogar Menschen, die sich gar nicht vorstellen können, dass Liebe und Sex so vielfältige Ausdrucksformen finden können – oder gar aggressiv verbieten wollen, dass die Wirklichkeit so ist.

Da wird es besonders wichtig, solche anderen Geschichten zu erzählen (und weiterzuerzählen!), denn wo immer

Sehnsüchte nach Liebe und Sex unterdrückt werden, kehren sich Gefühle um in Hass und Gewalt gegen sich selbst oder in Verächtlichmachung und Diskriminierung von anderen. Dann geht es gegen die Fremden, die Ungewöhnlichen, die »Perversen«, gegen alle, die allein durch ihre Existenz demonstrieren, dass es doch anders gehen kann, als es der eigene, bisher beschränkte Horizont zulässt. Wer sich nicht wohl in der eigenen Haut fühlt, fährt leicht aus der Haut.

Vielleicht lässt du dich überraschen, worum es geht in den Geschichten dieses Buches, die natürlich nur ein Anfang sind und noch tausendundeine andere ungewöhnliche Liebesgeschichte nicht erzählen. Bei einigen Geschichten merkt man nämlich erst während des Lesens, wie tief eigene Vorurteile sitzen, wie sehr man glaubt etwas zu wissen, für richtig oder falsch zu befinden – und dann vielleicht überrascht ist, dass es auch ganz anders gehen kann, sogar gut gehen kann.

Für diejenigen, die – aus welchen Gründen auch immer – einen Überblick über die Themen der Geschichten haben möchten, hier ein paar Stichworte:

1. *Hannahs Hände* sind ihre Augen: Hannah ist blind – und verliebt sich in einen Jungen, dessen Stimme sie kennt ...

2. *Saschas Sehn-Sucht* wird geweckt, als er heimlich ein Liebespaar am See beobachtet und dabei angeregt wird, sich selbst zu befriedigen ...

3. *Lydias Lust* ist verboten: Sie ist Lehrerin und Giovanni ist noch Schüler. Und doch kann er sie nicht vergessen ...

4. *Andys Abend* nimmt eine unerwartete Wendung, als er wegen seiner dunklen Hautfarbe angepöbelt und dabei von einem Mädchen verteidigt wird, das nicht gerade eine Schönheit ist ...

5. *Frederikes Freundin* ist so zärtlich und schön, wie sie es sich immer gewünscht und bisher vergeblich gesucht hat ...

6. *Berts Bruder* ist nicht nur schwul, sondern auch noch

total verknallt in Michael. Eines Tages treffen die beiden auf Bert und seine Nazikumpels ...

7. *Rias Reise* ist eigentlich mehr eine Flucht aus einer spießigen Umgebung in ihre Traumstadt Paris, wo sie einen Jungen trifft, der ihr zunächst aufregend südländisch erscheint ...

8. *Evrims Ehre* ist tief verletzt, als er erfährt, dass seine Schwester Dilan von Rick berührt wurde – vor der Ehe ...

9. *Wandas Wut* ist maßlos, als sie nicht nur Opfer einer Vergewaltigung wird, sondern auch noch mitbekommt, wie peinlich ihren Eltern alles ist ...

10. *Marys Mutter* versteht sich nicht besonders mit ihrer Tochter, vor allem seit der Scheidung gibt es viel Streit. Alles ändert sich, als Mary erfährt, dass ihre Mutter an Aids erkrankt ist ...

11. *Karls Kleider* gehören eigentlich der Freundin des Vaters. Als er sie eines Abends heimlich anprobiert, hört er plötzlich ungewöhnliche Geräusche im Haus ...

12. *Marks Maschine* ist kein Motorrad, sondern ein Rollstuhl. Mark ist außerdem geistig behindert – und eines Tages verliebt ...

Vielleicht triffst du ja einen der Menschen aus diesen Geschichten morgen auf der Straße – und erinnerst dich an Evrim, Mary, Karl oder Wanda.

Amsterdam, im November 1995   *Lutz van Dijk*